Chérie CARTER-SCOTT

Si la vie est un jeu, en voici les règles

Adapté par Atelier Brigitte Arnaud
Traduit de l'américain par Lise-Éliane Pomier

Michel LAFON

Titre original :
IF LIFE IS A GAME, THESE ARE THE RULES

Si, au cours des vingt-cinq dernières années, vous avez croisé sur votre route les règles que j'énonce ici, si vous les avez photocopiées et communiquées à votre entourage ; si vous les avez utilisées pour un séminaire, pour un cours, dans une brochure ou sur un site Internet ; si vous les avez encadrées et accrochées au mur, rangées dans un tiroir, ou fixées sur la porte de votre réfrigérateur ; si, en les lisant aujourd'hui, vous les reconnaissez avec un sourire de connivence, alors c'est à vous que je dédicace ce livre, ainsi qu'à tous ceux qui ont aimé ces règles de vie. Ce livre vise à être un soutien, pour vous et pour ceux que vous aimez, au cours de votre séjour ici-bas. Utilisez-le pour parvenir à un plus haut degré de conscience. Mes vœux vous accompagnent.

Mon livre de chevet

par Anthony Kavanagh

L'être humain, son fonctionnement et ses comportements m'ont toujours fasciné. J'ai foi en l'homme : il peut réaliser de grandes choses s'il s'en donne les moyens. Encore faut-il surmonter nos peurs, contrôler nos émotions, trouver notre équilibre, celui de notre couple, et améliorer nos relations avec les autres, miroirs de nous-même qui nous aident à mieux nous connaître. Et aussi… plus ambitieux sans doute, aller au-delà de nos espérances, braver parfois même les idées préconçues voire tronquées qu'impose trop souvent la société actuelle.

Mais comment réussir à relever les défis de l'existence et à gérer l'imprévisible ?

Et voilà que ce livre m'est tombé sous la main, devenant aussitôt mon livre de chevet comme, je l'espère, il deviendra le vôtre. *Si la vie est un jeu, en voici les règles,* ouvrage rempli de lumière et de sagesse, doit se consulter, en effet, au fil du temps qui passe, des aléas de l'existence et de sa propre évolution. Avec une logique implacable et néanmoins souriante, Chérie Carter-Scott expose ici dix règles élémentaires pour mieux apprécier son passage sur terre, pleinement, passionnément, en canalisant ses énergies, en calmant son esprit et en enrichissant son âme.

Ce joyau de mieux-vivre – de self-help, comme disent les Américains, reprenant l'esprit de l'adage bien connu « Aide-toi, le Ciel t'aidera » – évoque pour moi une carte routière. Quel chemin prendre pour atteindre ses buts dans des conditions optimales et, plutôt que de suivre sa trajectoire terrestre en dilettante ou, pire, en galérien, comment en tirer les meilleurs enseignements et les plus grandes joies ? Les pages de ce livre sont ouvertes, à vous maintenant de les tourner. Bonne lecture, et bonne route !

A. K.

Préface

Je connais Chérie Carter-Scott depuis plus de vingt ans. J'ai participé à ses ateliers, présidé des conférences en sa compagnie, fait appel à ses compétences sur le plan professionnel et sur le plan personnel.

Lorsque nous avons cité ses dix règles de vie, avec la mention « anonyme», dans *Bouillon de poulet pour l'âme*, nous étions loin de nous douter qu'elle en était l'auteur. J'ai été ravi de l'apprendre un peu plus tard, mais à peine surpris : Chérie consacre son existence à voler au secours des autres, à leur faire découvrir à travers leur existence quotidienne des vérités intemporelles. Rien d'étonnant donc à ce qu'elle ait défini ces règles à la fois simples et profondes pour nous aider à comprendre la vie.

En lisant ce livre, vous appréhenderez votre vie sous un angle entièrement nouveau. Si vous en suivez les principes, je vous promets que toute votre existence s'en trouvera transformée, comme par un coup de baguette magique, et que vous découvrirez les secrets qui vous permettront de mettre au jour les aspirations de votre cœur.

Cet ouvrage vous ouvrira des perspectives infinies. Lisez-le, prenez-y plaisir, soyez attentif aux leçons qu'il vous donne, et jouez la vie en virtuose.

Jack Canfield,
coauteur de *Bouillon de poulet pour l'âme*[1]

1. Paru aux éditions Michel Lafon.

Avant-propos

En 1974, à vingt-cinq ans, je me suis brusquement interrogée sur le sens de ma vie. Je m'étais dirigée vers l'enseignement pour faire plaisir à ma mère, puis vers l'art dramatique pour me faire plaisir à moi. Mais aucune de ces deux carrières ne me satisfaisait pleinement, et je me posais des questions sur mon avenir. Les divers conseils que me prodiguaient ma famille et mes amis ne m'apportaient aucune réponse. Je ne savais plus qui croire, et je me tournai vers la prière.

Quelques semaines plus tard, la solution m'apparut très clairement. Elle consistait en trois « messages » limpides. Ne m'en demandez pas la source, je ne la connais pas très bien moi-même. Le premier disait : « Tu es un catalyseur de découverte » ; le second : « Ta mission concerne l'épanouissement et le développement personnels » ; quant au troisième, il était également sans équivoque : « Tu as un don pour travailler avec les autres. » Je savais que ces trois messages étaient une réponse à mes prières, mais il manquait encore le mode d'emploi. Je me suis donc appliquée à en faire une phrase complète : « Je suis un agent catalyseur appelé à travailler avec les autres pour les aider dans leur épanouissement et leur développement personnels. »

C'est ce qui m'a amenée à créer mon propre séminaire de développement personnel, un atelier centré sur l'estime de soi. Les gens ont commencé à venir vers moi, et leurs questions se sont ajoutées aux messages que je recevais moi-même pour élaborer et affiner une stratégie commune. J'ai commencé par des consultations individuelles, mais mes interlocuteurs n'ont cessé de réclamer des séances collectives au cours desquelles, ensemble, ils pourraient faire taire la voix de la raison et devenir plus attentifs à celle du cœur. Finalement, nous avons défini les programmes dans la concertation, en fonction de la demande. Les participants faisaient un travail d'introspection et partageaient ensuite leur expérience avec leurs voisins. C'est ainsi que ma méthode a commencé à faire tache d'huile.

C'est aussi en préparant un séminaire de formation que j'ai couché sur le papier les « dix commandements » d'une vie pleinement réussie. Ces dix règles simples répondaient enfin aux questions que je me posais sur le sens de l'existence. Au comble de l'allégresse, je décidai de les partager avec mes stagiaires.

Depuis près d'un quart de siècle, ces règles ont fait le tour du monde. Elles ont été photocopiées, transmises de main en main, diffusées sur Internet, publiées sous des formes diverses. Jack Canfield les récapitule dans son livre, *Bouillon de poulet pour l'âme*, avec la mention « anonyme ». Ayant appris par un ami commun que j'en étais l'auteur, Jack m'a appelée pour vérifier l'information et m'a promis de faire amende honorable dans une prochaine édition.

Des années ont passé depuis cette époque. Le message le plus récent que j'ai reçu m'invitait à écrire un livre destiné à tous ceux qui cherchent leur voie. Mon souhait est que cet ouvrage remplisse sa mission, qu'il éclaire ceux qui sont dans l'obscurité et qu'il continue de briller pour les autres, comme un fanal dans la tempête.

Appliquez ces dix règles simples, et faites-en profiter votre entourage. Soyez attentif à chaque leçon et à chacun des messages personnels que vous ne manquerez pas de recevoir. Vous parviendrez à réaliser vos rêves.

Bonne route.

« La vie est une succession de leçons
qu'il faut avoir vécues pour comprendre. »

Helen Keller

On compare souvent la vie à un jeu. Mais on ne nous en donne pas les règles. Nous nous retrouvons un beau jour à la case « départ », contraints de jeter les dés et d'avancer notre pion dans la direction qui nous semble la bonne, sans avoir reçu d'instructions précises. Le but du jeu reste vague, et nous savons à peine en quoi consiste la victoire.

C'est le propos même de cet ouvrage, qui vous offre dix règles simples pour jouer correctement au jeu de la vie, et pour comprendre un peu mieux ce que représente l'être humain. Il existe des vérités universelles que chacun perçoit confusément en son for intérieur, mais que nous avons tous tendance à oublier. Elles constituent pourtant la base d'une vie digne de ce nom.

Chaque règle implique un défi. Relever ce défi amène à apprendre un certain nombre de leçons indispensables au développement de notre personnalité. Une « leçon » est l'enseignement que nous apportent les problèmes auxquels nous sommes confrontés et que nous parvenons à surmonter. Les leçons à retenir sont aussi différentes que les individus qui peuplent la planète. Sachez aussi que le même problème se représentera aussi souvent que nécessaire, tant que la leçon à laquelle il correspond ne sera pas assimilée.

Ces dix commandements d'un genre nouveau n'ont rien d'une formule magique, ni d'une méthode pour atteindre la sérénité. Ils ne vous aideront pas à guérir miraculeusement vos blessures émotionnelles ou spirituelles, ni à parvenir à la sagesse sur un claquement de doigts. Mieux vaut les comparer à une bonne carte destinée à un randonneur soucieux de ne pas se perdre.

Sachez enfin que ce sont des règles de vie, et non pas des lois qui vous imposent ce que vous devez faire ou ne pas faire, ce que vous devez penser ou ne pas penser. Au contraire, grâce au supplément de sagesse à laquelle elles vous permettront d'accéder, elles vous offriront la liberté.

Règle n° 1

Apprenons à vivre avec notre corps

◆

Le corps que vous avez reçu en partage restera le vôtre pendant toute votre existence. À vous de l'aimer ou de le haïr.

À la minute où vous êtes venu au monde, vous avez reçu un corps et, que vous le vouliez ou non, c'est ce corps qui abritera votre esprit jusqu'à la fin de vos jours. Votre personnalité y habite, avec tous les espoirs, les rêves, les peurs, les aspirations, les pensées et les convictions qui font de vous un être unique et irremplaçable. L'esprit et le corps sont appelés à faire ensemble tout le voyage, et pourtant il s'agit de deux entités bien distinctes.

La destination de votre enveloppe charnelle est de servir de tampon entre votre être intime et le monde extérieur, et de vous transporter à travers l'existence. C'est aussi grâce à lui que vous apprendrez quelques-unes des leçons les plus fondamentales de la condition humaine. Si vous êtes attentif aux enseignements et aux cadeaux que votre corps vous offre, vous n'en serez que mieux préparé à conquérir la sagesse et la paix. C'est grâce à lui que vous accéderez aux connaissances de base qui vous permettront de progresser.

Le corps que vous avez reçu en partage restera le vôtre pendant toute votre existence, de votre premier souffle à votre dernier soupir. Libre à vous de l'aimer ou de le haïr, de l'accepter ou de le rejeter. Cependant, sachant que le grand marché de la vie n'a prévu ni échange ni remboursement, il paraît raisonnable de ne pas le considérer comme un banal récipient, mais plutôt comme un partenaire et un allié. La relation qui s'établira entre votre corps et votre esprit est essentielle. C'est sur ce modèle que se forgeront tous vos rapports avec autrui.

Chacun de nous entretient avec son corps des rapports différents. Certains le considèrent comme un écrin idéal, parfaitement adapté à leur esprit et à leur âme. D'autres ont le sentiment d'être pris au piège dans une enveloppe qui trahit leur vraie nature. Peut-être êtes-vous de ceux qui estiment que leur corps et leur esprit sont assortis. Ou peut-être êtes-vous mécontent de votre physique, parce que vous aimeriez être plus fort, plus mince, en meilleure santé, plus séduisant, moins maladroit... Peut-être même votre corps et votre esprit se sentent-ils étrangers l'un à l'autre, comme si un ouvrier distrait avait commis une erreur de montage. Peu importe votre opinion à son égard, ce corps est le vôtre, et votre relation mutuelle aura un impact considérable sur votre destin. L'objectif de la règle n° 1 est de faire la paix avec son corps, de façon à ce qu'il remplisse convenablement son rôle. C'est la condition *sine qua non* pour intégrer les notions indispensables d'acceptation, d'estime de soi, de respect et de plaisir. Tout individu doit faire siens ces principes de base avant d'entreprendre avec succès le voyage de la vie.

L'acceptation

« À mon avis, lorsque nous nous aimons vraiment et que nous nous acceptons tels que nous sommes, tout marche mieux. »

Louise Hay

Si vous êtes de ces rares privilégiés qui considèrent d'ores et déjà leur corps tel qu'il est, avec ses forces et ses faiblesses, comme un véhicule parfait, vous avez assimilé cette première leçon, et il est inutile de vous attarder. Mais si une petite voix, même discrète, vous suggère que vous gagneriez à être plus mince, plus grand, plus large d'épaules, plus fort, plus résistant, plus blond, etc., et que votre vie s'en trouverait améliorée d'un coup de baguette magique, mieux vaut s'arrêter un instant sur cette idée.

L'acceptation est une vertu qui consiste à prendre du bon côté tout ce que la vie nous présente. Le corps, à cet égard, est le meilleur des professeurs. Il nous accompagne partout. Il peut donc être un soutien précieux ou une croix à porter ; la décision vous appartient. Et ce choix dépend de votre aptitude à apprendre cette première leçon.

L'apparence physique est, pour beaucoup, la cible des jugements les plus sévères, et l'aune à laquelle ils mesurent leur valeur. Ils se fixent des objectifs impossibles à atteindre et se tiennent grief de ne pas parvenir à la perfection. Dans la mesure où notre enveloppe charnelle est la forme sous laquelle nous apparaissons aux autres, nous nous définissons à travers elle et, la plupart du temps, c'est ainsi que les autres nous définissent. Or, la façon dont vous considérerez votre corps est étroitement liée à celle dont vous aurez su assimiler la leçon de l'acceptation.

Imposer à votre corps des jugements sévères limite les occasions d'occuper son temps de façon intéressante. Combien de fois une journée de détente sur la plage s'est-elle trouvée gâchée par votre peur de paraître ridicule en maillot de bain ? Imaginez combien il aurait été agréable de fouler le sable chaud sans penser que tous les regards convergeaient sur vous. Rappelez-vous toutes les activités que vous avez retardées en attendant d'être plus jolie, plus élégante, et pourquoi pas parfaite ? J'ai une amie qui rêve de faire de la plongée sous-marine, mais qui refuse de tenter l'expérience, sous prétexte qu'elle ne veut pas montrer ses rondeurs sous une combinaison ajustée. S'accepter comme elle est lui permettrait de prendre sa part à toutes les joies de l'existence, sans réserve et sans délai.

Comme beaucoup de femmes, j'ai longtemps pensé que mes cuisses étaient affreuses. Je ne m'acharnais pas seulement à les vouloir plus minces, je leur faisais la guerre. Je portais les shorts les plus longs que je pouvais trouver, même en pleine canicule, de peur de les montrer. J'étais persuadée que ma vie serait transformée si seulement elles voulaient bien être moins flasques et plus fuselées. Je voulais qu'elles entrent dans les plans que je formais pour elles. Mais je ne faisais pas autre chose que de les brimer, si bien qu'elles réagissaient en conséquence et refusaient obstinément de me transformer comme par magie en Vénus callipyge. Inutile d'ajouter que mes cuisses et moi ignorions totalement la coexistence pacifique.

Je finis par décider de mettre un terme aux hostilités et de leur jurer un amour éternel. Ce qui était plus facile à dire qu'à faire. Il est très simple de choyer les parties de son corps que l'on considère comme séduisantes, mais plus difficile de renoncer à dénigrer celles qui le sont moins. Je pris le parti de consacrer quelques minutes par jour à amadouer l'ennemi. Chaque matin, je me massais les cuisses avec une lotion parfumée, en me concentrant sur la notion d'acceptation, d'abord avec réticence, puis de plus en plus volontiers. Pendant plusieurs semaines, je me suis sentie parfaitement ridicule, mais je persistais. Je n'étais pas véritablement enchantée de les apercevoir dans la glace de la salle de bains mais, du moins, je cessai de les couvrir d'une serviette pour les dérober à ma vue.

Le temps passait, et je commençais à me dire qu'après tout, elles avaient le mérite d'être solides et fiables. Je leur étais reconnaissante de me soutenir, et de m'aider avec tant d'ardeur à couvrir mes 5 km de jogging quotidien. À ma grande satisfaction, mes idées positives firent leur chemin, et elles me semblèrent un peu plus fermes. Non qu'elles aient changé dans l'espoir que je les accepte. Au contraire, c'est parce que je les avais acceptées qu'elles s'étaient mises à changer.

Il est bien connu que l'esprit et le corps sont indissociables, c'est pourquoi le fait d'accepter son corps n'est pas seulement la condition d'un bon équilibre émotionnel ; c'est aussi le meilleur moyen d'assurer sa bonne santé physique. Ne pas accepter son corps peut conduire à la maladie, alors que le contraire permet de guérir. Les médecins eux-mêmes s'accordent à reconnaître que l'acceptation de soi est la clé du bien-être physique et mental.

Vous saurez que vous allez dans la bonne direction lorsque vous aurez appris à accepter votre corps tel qu'il est aujourd'hui. S'accepter complètement, sans arrière-pensée, suppose que l'on cesse de croire qu'il faut absolument changer quelque chose pour être digne d'amour – à commencer par l'amour de soi-même.

Cela signifie-t-il qu'il faut renoncer à améliorer son corps ? Ou qu'il faut se résigner à accepter tel quel ce qu'on a reçu ? Bien sûr que non. Il est tout à fait naturel et humain de vouloir être au mieux de sa forme. Mais il faut absolument cesser de critiquer ou de juger systématiquement son corps, de lui chercher des défauts coûte que coûte, même quand tout va pour le mieux. Il est important, lorsqu'on veut modifier quelque chose, de le faire pour se sentir bien, et non pour corriger une imperfection. Lorsque vous avez envie de changer de coiffure ou de muscler vos biceps, demandez-vous si vous espérez que ce changement (une nouvelle couleur de cheveux, une nouvelle robe, une crème antirides, la liste est longue) vous rendra plus heureux. Si la réponse est oui – soyez sincère avec vous-même –, il vaudrait mieux passer un peu de temps à réfléchir à la meilleure façon de s'accepter plutôt que de dépenser du temps et de l'argent à poursuivre en vain une solution extérieure.

Je dis souvent à mon auditoire : « Aimez toutes les parties de votre corps et, si vous ne les aimez pas, changez-les. Mais si c'est impossible, acceptez-les telles qu'elles sont. » Avec l'âge et le temps qui passe, vous serez confrontés à des phénomènes contre lesquels vous ne pourrez rien. Au pire, vous risquez d'être accablé d'un handicap, d'une maladie invalidante ou de souffrances physiques qui rendront votre corps encore plus difficile à accepter. Mais il faut s'y atteler, même si la tâche paraît impossible. Les jeux Paralympiques sont la preuve que la volonté transcende les handicaps les plus lourds.

Par quoi commencer ? Par un état des lieux, en sachant que le seul verrou responsable de votre blocage se trouve dans votre tête. Vous pouvez parfaitement continuer à combattre la réalité de votre corps et à gémir amèrement sur vous-même. Ou alors, vous pouvez trouver le déclic et vous accepter tel que vous êtes. Ce qui ne changera rien aux faits. Acceptation ou rejet n'ont de poids que dans votre esprit. Vous n'avez aucun moyen de savoir objectivement à quoi ressemble votre corps. Alors, pourquoi ne pas opter pour le confort moral de l'acceptation plutôt que pour la souffrance du rejet ? La décision vous appartient.

Qu'est-ce qui pose problème dans votre apparence physique ?

L'estime de soi

> *« Personne ne peut vous rabaisser sans votre consentement. »*
>
> Eleanor Roosevelt

Se porter de l'estime, c'est penser que l'on est capable d'affronter les épreuves de la vie. Ce sentiment est aussi indispensable que l'air que nous respirons, et tout aussi peu tangible. Il vient des profondeurs de notre être et il transparaît à travers chacun de nos actes, du plus banal au plus sublime. C'est la pierre angulaire de notre psyché.

Si vous avez besoin de cultiver votre confiance en vous, les épreuves ne manqueront pas de se présenter, jusqu'à ce que vous soyez conscient de votre valeur. Votre corps lui-même vous offrira mille occasions de travailler sur le sujet, pendant toute la durée de votre vie. Il vous enseignera la leçon de l'estime en mettant à l'épreuve votre aptitude à donner le meilleur de vous-même, quelles que soient votre apparence et vos capacités physiques. L'un de mes amis a subi deux accidents graves, d'abord un accident de moto au cours duquel il a été gravement brûlé, puis un accident d'avion qui l'a condamné à rester cloué sur une chaise roulante. Bien sûr, il lui a fallu plusieurs années de travail sur lui-même pour accepter l'idée que, malgré les circonstances, la vie valait la peine d'être vécue. Plutôt que de se lamenter sur les choses qu'il ne peut pas faire, il se concentre désormais sur celles qu'il peut faire. Il est devenu conférencier, avec comme mission de faire comprendre à son public que l'important n'est pas ce qui arrive, mais ce qu'on en fait. Il est la preuve vivante que le bonheur est possible malgré les handicaps physiques les plus graves.

L'estime de soi se construit en trois temps. D'abord, il convient d'identifier l'obstacle. En prenant connaissance des limites que vous pensez avoir, vous entamez la deuxième étape, à savoir détecter votre véritable nature, vos véritables richesses. La troisième étape consiste à passer à l'action, c'est-à-dire à valoriser vos capacités, ou à décider de changer de cap.

Depuis l'adolescence, mon amie Hélène était une jeune femme absolument ravissante. Ses cheveux blonds s'accordaient à merveille à sa peau bronzée et il suffisait qu'elle entre dans une pièce pour attirer tous les regards. L'idée qu'elle se faisait d'elle-même passait par cette image radieuse, qu'elle entretenait soigneusement.

À l'approche de la cinquantaine, elle apprit qu'elle avait un cancer de la peau. Elle dut subir une opération au visage qui ne laissa qu'une petite cicatrice. Mais il lui était désormais interdit de s'exposer au soleil. Condamnée à garder la peau blanche, elle se résigna à ne plus se teindre les cheveux. Le plus dur, bien sûr, était de renoncer à son image de star.

Il lui fallut près d'un an pour reconquérir l'estime d'elle-même, pour s'apercevoir de l'importance qu'avait prise sur sa personnalité son apparence extérieure. Ses véritables qualités résidaient ailleurs, et elle finit par en prendre conscience.

Plusieurs années ont passé et les cicatrices ont disparu. Hélène a fini par accepter son teint d'ivoire et sa chevelure châtain foncé. Mais il lui arrive parfois, lorsqu'elle se regarde dans un miroir, d'avoir à faire un effort pour relier ce nouveau reflet à sa véritable nature. Elle sait pourtant que personne ne pourra plus lui prendre cette richesse, malgré les injures du temps.

L'estime de soi est une vertu éphémère et fragile, ne l'oubliez pas. On la reçoit, on la perd, on la cultive, on la nourrit. C'est une force que l'on doit reconstruire chaque jour. Ce n'est pas un bien que l'on acquiert une fois pour toutes, mais une petite flamme qu'il faut entretenir avec soin.

D'où vient la conscience de votre valeur ? En quoi êtes-vous unique ? Sachez déceler vos capacités et vos richesses véritables, au-delà des apparences, et vous pourrez considérer que la leçon est apprise.

Le respect

« Votre corps est le véhicule qui vous transporte à travers la vie. Vous n'en aurez pas d'autre ici-bas. Aimez-le, respectez-le, chérissez-le et traitez-le bien. Il vous le rendra au centuple. »

Suzy Prudden

Respecter son corps, c'est ne rien négliger qui puisse contribuer à son bien-être. Traiter son corps avec respect, comme on le ferait de tout objet précieux et irremplaçable, est une condition essentielle de la vie.

Si vous respectez votre corps, vous faites équipe avec lui. Vous plongez en lui vos racines et vous acceptez tous les cadeaux qu'il vous fait. Le respect entraîne une synergie. Votre corps et votre esprit auront l'un pour l'autre les mêmes égards. Si vous traitez votre corps en ami, il réagira de même. Si vous vous obstinez à lui faire violence, il se dérobera, jusqu'à ce que vous ayez assimilé la leçon du respect.

Georges considère son enveloppe charnelle comme un sanctuaire. Il apporte un soin jaloux à sa forme physique et à son régime alimentaire. Il n'est jamais ni trop couvert ni trop peu. Son corps représente pour lui un véritable trésor.

Il est vrai qu'en contrepartie, ce corps ne lui fait jamais défaut.

Bien sûr, nous sommes tous différents sur le plan physique. Nous n'avons pas tous la même connaissance de notre corps que Georges, ni peut-être la même patience. Il n'existe pas de formule standard, et chacun de nous doit trouver celle qui convient. Le régime idéal n'est pas le même pour tous, non plus que nos besoins de sommeil. Il est donc très important, pour accorder à notre corps le respect qui lui est dû, d'être attentif à son biorythme.

Thierry était à l'opposé de Georges. Diabétique, ce garçon de vingt-neuf ans refusait absolument de prendre sa maladie au sérieux. Il accumulait les Martini-vodka, se couchait tard, mangeait de la viande rouge et des gâteaux à la crème. Il se laissa même aller, une fois ou deux, à tâter de la cocaïne. En dépit des avertissements de son médecin, Thierry refusait de changer quoi que ce soit à son mode de vie : il considérait qu'il avait les mêmes droits que la bande de joyeux fêtards à laquelle il appartenait. Ce qui devait arriver arriva. L'un de ses amis le trouva inconscient dans sa salle de bains, et il ne dut la vie qu'à son intervention rapide. Thierry venait d'apprendre la leçon du respect, mais à quel prix !

Comme le prouve cet exemple, respecter son corps n'est pas facile dans un monde dominé par les excès et les tentations. Connaître ses propres besoins est malaisé. Suivre l'exemple de ceux qui nous entourent sans se poser de question est plus simple. Bien sûr, on peut se permettre un petit écart de temps en temps, mais il faut revenir aussi vite que possible dans le droit chemin. Si vous savez que vous digérez mal les plats épicés, à vous de prendre le risque d'être malade ou de vous en passer.

Traitez votre corps avec respect et déférence : il vous rendra la pareille. Sachez lui poser les bonnes questions, écoutez ses réponses et tenez-en compte.

Le plaisir

« Soyez heureux d'être vivant – ce n'est pas un péché. »

Bruce Springsteen

Le plaisir est la manifestation physique de la joie de vivre. Notre corps nous enseigne le plaisir par le biais de nos cinq sens. Lorsqu'on se laisse aller à une sensation agréable ou à une réaction de bien-être, le plaisir s'installe.

Si nous sommes attentifs aux messages de nos sens, nous goûtons pleinement la satisfaction d'être vivant. Le plaisir est véhiculé par la vue, c'est le cas lorsque nous admirons un magnifique coucher de soleil, ou par le goût, si nous mordons dans notre fruit préféré. Il peut naître d'une musique suave ou de la caresse d'un amant. La leçon du plaisir n'est pas bien difficile à apprendre. Il suffit de lui ménager un espace.

Quelle part de plaisir acceptez-vous de vous accorder ? La plupart des gens se fixent une sorte de quota invisible. Ils vivent une existence si bousculée qu'ils considèrent le plaisir comme un luxe et pensent qu'il leur reste peu de temps à lui consacrer. Faire l'amour ou se distraire leur semble une activité accessoire.

Pourtant, si le plaisir est absent de votre existence, celle-ci risque fort de ne pas se dérouler aussi bien que prévu. « Cueillez dès aujourd'hui les roses de la vie », conseille le poète. Vos sens ont besoin de temps à autre d'un bain de jouvence.

Il m'arrive, comme à tout le monde, de négliger les appels du plaisir. Je renonce à une balade sur la plage avec mon mari pour boucler un dossier ou bien j'annule ma séance de massage pour terminer mon courrier. Je finis par me sentir nerveuse et irritable, le travail que je fais ne vaut rien, et je comprends enfin qu'il ne faut pas mésestimer les vertus toniques d'une petite récréation.

Au cours de l'un de mes séminaires, j'ai rencontré un dénommé Pierre, qui se montrait particulièrement rétif à la leçon du plaisir. Conseiller financier dans une grande banque, il avait une femme, trois enfants, un crédit immobilier, une vieille maman, deux voitures et des monceaux de factures à payer. C'était un homme posé, d'apparence austère. Comme il le disait lui-même, il était « bien trop occupé pour perdre son temps à s'amuser ».

Et pourtant, la machine s'enrayait. Pierre n'était pas content de lui, sans bien savoir pourquoi. Il eut l'idée de s'inscrire à mon séminaire pour échapper à cet engrenage.

Il s'aperçut à cette occasion qu'il ne s'était pas accordé un seul instant de répit depuis des années. Il se rappela qu'à la mort de son père, alors qu'il n'avait que onze ans, son oncle lui avait dit qu'il devenait le chef de la famille. Ce jour-là, Pierre avait cessé d'être un petit garçon pour devenir un adulte responsable.

Au cours d'un exercice, chacun des participants fut invité à donner libre cours à une envie secrète. Pierre se leva, dénoua sa cravate et, à la surprise comme à la satisfaction générale, se mit à faire des bonds de cabri autour de la pièce. Il commença lentement, puis sauta de plus en plus vite. Il s'arrêta enfin, à bout de souffle. Il souriait comme un enfant, enfin libéré de ce trop-plein d'énergie si longtemps prisonnier.

Quelle activité vous procure du plaisir ? Pratiquez-la, et pratiquez-la souvent. Le sentiment de légèreté que vous en retirerez est absolument essentiel pour votre corps et pour votre esprit.

Règle n° 2
Acceptons les leçons qui se présentent

Nous sommes inscrits à l'école de la vie.
C'est un emploi à temps plein.
Chaque jour, l'occasion nous est donnée d'apprendre une leçon.
Qu'elle nous plaise ou non, elle est inscrite au programme.

Que faisons-nous ici-bas ? Quel est notre objectif ? Les êtres humains s'interrogent depuis la nuit des temps sur le sens de la vie. Ce que nous avons tendance à oublier, toutefois, c'est que la réponse à cette question n'est pas forcément la même pour tous. À chacun sa vérité

Chaque individu suit un chemin qui lui est propre, pour atteindre des objectifs différents. Chacun de nous est confronté à un certain nombre de leçons qui sont autant d'étapes obligées sur la voie de la sagesse. Ces leçons sont de nature différente selon les individus, mais elles constituent une clé indispensable pour qui veut découvrir le sens de sa vie et marcher dans la bonne direction.

Une fois assimilées les leçons de base que vous a enseignées votre propre corps, vous êtes prêt à affronter un professeur plus redoutable encore : le monde extérieur. Toute circonstance est une occasion supplémentaire d'apprendre. Si vous souffrez, vous apprenez une leçon. Si vous éprouvez de la joie, vous en apprenez une autre. Chaque acte, chaque événement, vous enseignent quelque chose de nouveau. Il n'y a aucun moyen d'échapper à cette évidence.

Vous êtes et vous serez confronté à des leçons tout à fait personnelles. Soyez assuré que les autres aussi auront à affronter des épreuves que vous ne connaîtrez jamais. Peut-être ne comprenez-vous pas pourquoi vous avez la chance d'avoir trouvé le partenaire idéal, alors que vos amis se déchirent en vaines querelles et finissent par se quitter ou par divorcer, ni pourquoi vous vous débattez dans les difficultés financières alors que vos amis n'ont qu'à ouvrir leur portefeuille pour résoudre leurs problèmes. Une chose est sûre : un jour ou l'autre, la leçon dont vous avez besoin pour progresser se présentera. À ce moment-là, il vous appartiendra d'accepter ou non de l'apprendre.

L'objectif de la règle n° 2 est d'identifier ce qui constitue votre cheminement personnel et de savoir accepter les leçons dont vous avez spécifiquement besoin. C'est l'une des plus difficiles à suivre, car c'est une démarche solitaire : il se peut que votre route soit radicalement différente de celle des autres. Ne cédez pas à la tentation de comparer votre destin à celui de votre entourage. N'oubliez pas que les leçons qui vous attendent sont toujours adaptées à vos besoins et que vous êtes capable de faire face. C'est le seul moyen d'avancer.

Si vous êtes en mesure de relever ce défi, vous comprendrez la raison de votre présence sur terre. Vous cesserez d'être une victime des circonstances ou du destin, et vous donnerez libre cours à la force qui est en vous, pour maîtriser votre destin. En cherchant à vivre l'existence pour laquelle vous êtes fait, vous verrez s'épanouir des dons inattendus, que vous auriez pu ignorer jusqu'au bout. Le processus n'est pas simple, mais les résultats valent très largement les efforts que vous consacrerez à cette entreprise.

Au fil de cette quête, vous allez affronter les leçons de l'écoute, du choix, de la justice et de la grâce. Soyez attentif à chacune de ces leçons, qui vous aideront à révéler votre véritable personnalité.

L’écoute

« En considérant l’expérience sous un certain angle,
on s’aperçoit qu’elle ouvre la voie vers le domaine de l’âme. »

Jon Kabat-Zinn

La faculté d’écoute implique que vous soyez réceptif. La vie vous présentera d’innombrables leçons qui ne vous seront d’aucune utilité sans une certaine ouverture d’esprit. Il est indispensable que vous changiez votre façon de voir les choses et que vous considériez les leçons les plus cruelles comme des enseignements utiles, comme des échelons qui vous permettront de monter plus haut.

Au cours de mes divers séminaires, j’ai pu constater le changement qui se produit chez la plupart des participants lorsqu’ils comprennent que chaque événement de leur vie est une occasion d’apprendre. C’est le premier pas vers la sagesse.

On me demande souvent le moyen de reconnaître les leçons qui se présentent. Ma conviction est que la réponse est incluse dans la question. Le tout est de savoir si l’on a chaussé les bonnes lunettes. Lorsque l’individu résiste à sa vérité, il devient amer ou agressif, et son obstination freine son développement personnel. Si, au contraire, il fait preuve d'écoute et de discernement, il distingue sans difficulté l'opportunité de la leçon.

Dans certains cas, la leçon est plutôt agréable, car ses manifestations sont gratifiantes. Une promotion professionnelle draine responsabilité et ardeur au travail. S'engager dans une aventure amoureuse enseigne la confiance mutuelle et l'art des concessions. Avoir un premier enfant apporte la patience et la rigueur. Tous ces enseignements apparaissent comme autant de cadeaux et il n'est pas bien difficile de les assimiler.

Il en va tout autrement des événements pénibles, et l'emballage cadeau, du même coup, est beaucoup moins séduisant. La tentation est forte d'adopter l'attitude de la résistance. Si vous faites taire votre capacité d'écoute, un licenciement apparaît comme une catastrophe plutôt que comme une occasion de mettre à l'épreuve votre mobilité ou vos possibilités de reconversion. Une peine de cœur est vécue comme un déchirement, sans une pensée pour les leçons de générosité ou de maîtrise de soi qu'elle suppose. Sachez pourtant que les vicissitudes, comme les circonstances plus heureuses, sont sources d'enseignement.

En ce qui me concerne, la leçon qui s'est présentée le plus récemment est celle de la patience. Je sais très bien que c'est un de mes points faibles. Je me sens volontiers irritée, débordée, agacée. J'avais le plus grand besoin d'assimiler enfin cette leçon, mais je prenais soin de l'éviter chaque fois qu'elle montrait le bout de son nez. Je me racontais à moi-même que, pour cette fois du moins, j'étais absolument obligée de faire vite, et que ma frustration était sans rapport avec mon refus obstiné de faire preuve de patience. Les lunettes de la résistance étaient en place, bien décidées à me boucher la vue.

Comment passer de la résistance à l'écoute ? En sachant dans un premier temps reconnaître la résistance. Elle se manifeste physiquement par une crispation des mâchoires, une sensation d'oppression dans la poitrine, des soupirs excédés. Mentalement, elle s'exprime par des postulats négatifs, tels que « je ne veux pas, je n'en ai pas besoin, je n'aime pas ». Observez bien les diverses manifestations physiques et mentales de la résistance, vous l'identifierez très facilement ensuite.

La prochaine étape consiste à savoir que vous avez le choix. Vous pouvez vous en tenir à une attitude de résistance, et continuer à vous sentir mal à l'aise. Ou bien, vous pouvez vous abandonner à l'enseignement qui vous est proposé. Être sûr que le choix vous appartient vous permet de gérer votre résistance intime et de faire face ou non aux défis qui se présentent.

La dernière étape à franchir consiste à vous poser la question suivante : « Suis-je prêt à renoncer à mon attitude de résistance et à assimiler la leçon ? » Rappelez-vous, si vous voulez vivre pleinement la vie pour laquelle vous êtes fait, vous devez accepter les enseignements qu'elle jette sur votre route.

Quelles sont les leçons que vous refusez d'apprendre ?

Le choix

« Je ferai à la face du monde ce qui réjouit mon âme et ce que décide mon cœur. »

Ralph Waldo Emerson

Le libre arbitre implique une bonne connaissance de ses désirs, suivie d'un comportement propre à les satisfaire. À chaque instant, vous choisissez de suivre la voie qui est la vôtre, ou de vous en écarter. La neutralité n'existe pas. Le plus petit geste a un sens, il vous permet d'avancer ou de régresser, que vous en soyez conscient ou non. Les actes sincères – comme de consacrer du temps à un ami très cher – vous rapprochent du but, alors que les actes forcés – s'imposer la compagnie de personnes dont vous vous souciez comme d'une guigne, sous le prétexte fallacieux que vous y êtes socialement obligé – vous en éloignent. Aucun comportement n'est innocent.

Bien qu'on les utilise dans des contextes analogues, le choix et la décision sont deux choses différentes. C'est votre esprit qui prend les décisions et votre cœur qui fait des choix. Les décisions sont réfléchies, raisonnées, adaptées aux circonstances. Les choix sont instinctifs, viscéraux et intemporels.

Prenons l'exemple de Bettina, cantatrice obligée de changer d'orientation professionnelle, ses cordes vocales étant défaillantes. Elle était venue me consulter pour savoir vers quelle activité se tourner, certaine qu'elle ne savait rien faire que chanter. Je lui demandai de me dire ce qu'elle aimait.

Elle réfléchit un moment et énuméra ses quatre activités préférées : manger, courir les magasins, parler une langue étrangère et fréquenter les restaurants à la mode. Son visage s'illuminait pendant qu'elle me parlait. Elle ajouta qu'elle ne risquait pas de trouver un métier dans ces branches.

Elle se trompait. Identifier ses goûts véritables lui avait permis d'orienter ses recherches dans une direction nouvelle. À sa propre surprise, elle finit par dénicher un emploi qui lui permettait de satisfaire des envies à première vue très disparates : elle fut engagée par la direction d'un grand magasin pour organiser les défilés de mode. Par chance, sa mission consistait aussi à distraire les riches clients étrangers et les représentants des maisons de couture et à les mettre en présence, dans les restaurants les plus huppés de la ville !

Rappelez-vous un moment de votre vie où vous avez fait un choix important. Partir pour un pays lointain, mettre fin à une relation bancale, quitter un emploi ennuyeux, peu importe. Quel était votre état d'esprit à ce moment-là ?

Cultivez précieusement ce souvenir. Il vous aidera à faire le bon choix en d'autres occasions.

La justice

« J'ai pleuré parce que je n'avais pas de chaussures,
jusqu'à ce que je rencontre un homme
qui n'avait pas de pieds. »

Anonyme

Notre sens de la justice répond à un besoin d'équité – la certitude que tout le monde a les mêmes droits et les mêmes opportunités. Mais la vie n'est pas juste. Il se peut que votre chemin soit plus difficile que celui de votre voisin, indépendamment de vos mérites respectifs. Les circonstances de la vie sont différentes pour chacun, et chacun y fait face de façon différente. Pour avancer dans la bonne direction et accéder à la sérénité, il importe que vous débarrassiez votre esprit de cette phrase : « Ce n'est pas juste. » Si vous vous focalisez sur ce sentiment d'injustice, vous aurez tendance à comparer votre parcours à celui des autres, alors que la réussite consiste à atteindre ses propres objectifs. En entretenant de l'amertume et du ressentiment, vous n'assimilerez pas les leçons qui vous sont destinées.

Prenons par exemple Jacqueline et Christine, deux sœurs que tout sépare à première vue. Jacqueline est une grande jeune femme brune aux yeux bleus et au port de reine, dotée d'une grâce naturelle et d'un sens inné de l'élégance. Dans la rue, les gens se retournent sur elle, persuadés qu'ils viennent de croiser une actrice de cinéma ou un top model.

Christine, au contraire, a tout du garçon manqué. Elle s'habille sans recherche et ne se maquille jamais. Impossible de la confondre avec une star quelconque.

Jacqueline a été mariée deux fois, Christine est restée célibataire. Les prétendants se bousculent autour de la première et ignorent la seconde. Malgré son apparente indifférence, celle-ci a passé de longues années à se comparer à sa sœur et à vivre dans son ombre. Elle trouvait bien injustes les fées qui s'étaient penchées sur leurs berceaux respectifs.

Puis un jour, Christine décida de dresser la liste de tout ce qu'elle savait faire, de tout ce qui la rendait attachante, de toutes ses capacités, sans les mettre en balance avec les talents particuliers de sa sœur. Elle s'aperçut que sa silhouette athlétique lui rendait de grands services, que son énergie naturelle était communicative, et qu'elle avait le don de soutenir son entourage. Certes, elle n'aurait jamais, comme son aînée, le don de faire tourner les têtes, mais la liste de ses qualités était longue. La leçon que Christine en tira était qu'elle avait perdu un temps précieux à se lamenter sur l'injustice de sa destinée alors qu'elle avait elle-même plusieurs atouts dans son jeu.

Et vous, qu'est-ce qui vous semble injuste dans votre vie ?

La grâce

« On nourrit son âme lorsqu'on suit son destin. »

Harold Kushner

C'est une vertu difficile à définir, mais que l'on reconnaît aisément. Ceux qui possèdent la grâce semblent marcher à quelques centimètres au-dessus du sol. Ils donnent l'impression de rayonner de l'intérieur.

Vivre en état de grâce suppose que l'on soit en parfait accord avec sa véritable nature spirituelle, comme soutenu par un pouvoir supérieur. La grâce survient lorsque nous sommes capables de transcender notre ego et de parvenir à une vérité plus profonde ; lorsque nous réussissons à passer d'un monde centré sur notre petite personne à la compréhension d'une vision plus large ; lorsque nous sommes en mesure de comprendre et d'accepter que l'univers ne cesse de créer des situations susceptibles de nous rapprocher de la vérité, et que chaque chose, dans une optique supérieure, participe d'un plan d'ensemble.

Intéressant, me direz-vous. Mais comment peut-on conquérir cette tranquille béatitude ? En se rappelant jour après jour que la vie nous réserve des leçons personnelles, et que c'est en les apprenant que l'on peut accéder à cet état de grâce ; en étant persuadé que vous recevrez exactement ce qui est bon pour vous, même si cela ne correspond pas, à première vue, à l'idée que vous vous faisiez de votre bonheur.

Cécile était naturellement douée pour la création littéraire. Issue d'une famille bourgeoise aux revenus confortables, elle était destinée de toute éternité, semblait-il, à un riche mariage et à une vie dorée dans une belle maison, à une « vocation » convenable en se consacrant à des bonnes œuvres. Mais Cécile était certaine que son goût pour l'écriture était un don de Dieu. Elle annonça à ses proches, horrifiés, qu'elle partait s'installer dans la capitale et qu'elle deviendrait écrivain.

Cécile se sentait parfaitement bien dans son appartement minuscule. Elle adorait fréquenter des auteurs, participer à des ateliers d'écriture, occuper ses journées à noircir du papier. Elle suivait enfin sa voie, pour avoir eu le courage d'affronter la déception de ses parents et de quitter le cocon dans lequel elle aurait pu se complaire. La dernière fois que je l'ai rencontrée, elle écrivait une nouvelle pour un magazine connu, et semblait touchée par la grâce.

En état de grâce, vous croirez en vous-même et en l'univers tout entier. Les bienfaits dont les autres sont gratifiés apparaîtront comme autant de bénédictions, puisque ceux qui vous sont destinés n'attendent que le moment favorable pour se manifester.

Règle n° 3
Nos erreurs ne sont pas des fautes

Le développement personnel est le résultat d'expériences multiples, d'une série d'essais manqués et, plus rarement, réussis. Nos échecs nous en apprennent autant que nos succès.

C'est la succession de nos échecs et de nos réussites qui nous conduit à la sagesse. La façon dont les choses vont tourner n'est pas de notre ressort. Parfois, nous sortons victorieux d'une épreuve, parfois déçus. Mais soyez sûr que les essais manqués ne sont pas des « fautes », au sens moral du terme. Ce ne sont que des erreurs, inévitables et tout aussi riches d'enseignement, sinon plus, que nos prétendus succès.

La plupart des gens sont désappointés lorsque leur projet n'aboutit pas. Ils lui ont consacré une grande part de leur énergie, de leur temps et de leur argent, et l'échec les remplit de regret et de colère. Leur première réaction, en général, est la culpabilité. Ils ont le sentiment de ne pas en avoir fait assez. Une telle conclusion est un obstacle à leur progression, elle freine leur processus d'apprentissage.

Au lieu de considérer nos propres erreurs comme des fautes et celles des autres comme des atteintes personnelles, pourquoi ne pas les voir comme des occasions d'apprendre ? Lorsqu'une situation ne répond pas à nos attentes, elle nous permet d'évaluer nos sentiments et nos comportements. Quand nous avons l'impression que quelqu'un nous a fait du tort, c'est l'occasion de juger de nos réactions. Qu'elle soit de notre fait ou commise par autrui, une erreur offre le moyen de progresser sur la voie de la sagesse.

Si vous cessez de voir les vicissitudes de l'existence – les déceptions, les chagrins, les deuils, la maladie et toutes les tragédies qui nous menacent – comme des obstacles, vous serez envahi d'une force nouvelle. Vous pourrez prendre la vie à bras-le-corps et relever les défis qui se présentent, au lieu de vous sentir humilié, vaincu ou dépassé par les événements.

J'ai beaucoup aimé, à ce sujet, un conte oriental de Cwyneth Cravens, qui raconte à peu près ceci :

Asad raconta son histoire. Il était une fois, au Maroc, une jeune fille dont le père était fileur. Le commerce du père devint florissant, et il entreprit un voyage à travers la Méditerranée pour vendre à l'étranger le fil qu'il avait fabriqué. Il emmena sa fille avec lui et lui dit qu'elle pourrait profiter de l'occasion pour se trouver un bon mari. Mais il y eut une terrible tempête, la barque fit naufrage, le père mourut et la jeune fille fut jetée sur le rivage. Épuisée, affamée, à peine capable de se rappeler son passé, elle fut finalement recueillie par une famille de tisserands. Elle apprit à fabriquer de la toile et se trouva contente de son sort.

Un jour, en se promenant sur la plage, elle fut enlevée par des marchands d'esclaves, conduite en Turquie et vendue sur le marché d'Istanbul. Un homme, venu acheter des esclaves capables de l'aider à fabriquer des mâts de navire, vit la malheureuse, la prit en pitié et l'offrit à sa femme comme esclave. Mais des pirates avaient pillé la cargaison qu'il venait d'acquérir et il n'avait plus d'argent pour acheter d'autres esclaves. Il continua donc de fabriquer ses mâts, avec l'aide de sa femme et de la jeune fille. Celle-ci travailla avec tant d'ardeur et de conscience que son maître décida de l'affranchir et de la prendre comme associée, ce qui la remplit de joie.

Un beau jour, elle fut désignée pour accompagner un chargement de mâts en direction de Java. Elle s'embarqua, mais au large de la Chine, le navire fut détruit par un typhon. La jeune fille fut de nouveau rejetée par la mer sur un rivage inconnu, et de nouveau elle se lamenta sur son destin. « Pourquoi faut-il que tous ces malheurs m'arrivent à moi ? » s'écria-t-elle. Il n'y eut pas de réponse. Elle traversa la plage et commença à marcher à l'aventure.

Une vieille légende chinoise racontait qu'une femme étrangère viendrait et qu'elle fabriquerait une tente pour l'empereur. Personne, en Chine, ne savait construire une tente, et les générations successives s'interrogeaient sur le sens de la prédiction. Une fois l'an, l'empereur envoyait des émissaires dans tout le pays afin qu'ils ramènent au palais les jeunes femmes étrangères.

Cette année-là, les émissaires trouvèrent la naufragée et la conduisirent devant l'empereur. Un interprète lui demanda si elle savait construire une tente. « Il me semble que oui », répondit-elle. Elle demanda de la corde, mais les Chinois n'en avaient pas. Se souvenant de son enfance et du métier de son père, elle demanda de la soie et en fit une corde solide. Elle demanda de la toile épaisse, mais les Chinois n'en avaient pas. Se souvenant de sa vie au milieu des tisserands, elle tissa la toile épaisse dont elle avait besoin. Elle demanda des piquets de bois, mais les Chinois n'en avaient pas, alors, se souvenant de sa vie avec le fabricant de mâts, elle confectionna des piquets de tente. Ensuite, elle essaya de se rappeler du mieux qu'elle put à quoi ressemblaient les tentes qu'elle avait vues dans sa vie. Elle monta donc une tente. L'empereur admiratif, ravi que la prophétie ancienne se fût enfin accomplie, lui offrit de réaliser tous ses vœux. Elle épousa un beau prince et resta en Chine, où elle vécut heureuse, entourée de ses nombreux enfants. Elle comprit que tous les événements tragiques qu'elle avait vécus avaient un sens, et qu'ils avaient finalement contribué à son bonheur.

La jeune fille de la fable a su découvrir la signification de son existence mouvementée. Elle s'est montrée attentive au vaste dessein que cachaient ces événements. Il n'est pas toujours facile de situer les choses dans une perspective d'ensemble. C'est pourtant la seule façon de comprendre ce qu'elles ont de bon.

Pour ce faire, vous devrez maîtriser quelques leçons essentielles : la compassion, le pardon, l'éthique et, pardessus tout, le sens de l'humour. Sinon, vous serez condamné à une vision à court terme et incapable d'aller de l'avant.

La compassion

« L'individu est capable d'une grande compassion autant que d'une grande indifférence. Il lui appartient de nourrir la première et de combattre la seconde. »

Norman Cousins

Pour parvenir à la compassion, il faut ouvrir son cœur. Être capable de compassion suppose que nous fréquentions le monde en baissant la garde sur le plan émotionnel et en restant en permanence attentif à autrui. C'est la compassion qui nous permet de garder le contact avec nos frères humains et avec l'essence de l'humanité.

Notre cœur, pourtant, ne peut rester sans cesse ouvert aux autres ; la charge serait trop lourde. Il est impossible de regarder le journal télévisé dans cet état d'esprit sans être submergé par la misère du monde. Se construire une armure est souvent le seul moyen de se protéger des agressions extérieures.

Apprendre la compassion signifie que vous êtes à même d'ériger ou d'abattre les barrières émotionnelles qui vous mettent à l'abri du reste du monde, à votre gré, si vous souhaitez entrer en contact avec vos congénères.

Bien entendu, vous pouvez également vous munir d'un arsenal propre à limiter l'accès des autres à votre sympathie. Ce n'est pas forcément un mal. Vos jugements de valeur vous permettent d'avancer sans risque à découvert, en choisissant les convictions et les pensées que vous êtes prêt à recevoir du monde extérieur, en sélectionnant ce qui vous semble bon pour vous. En l'absence de sens critique, vous seriez exposé quotidiennement à des informations contradictoires que vous seriez incapable de trier.

Il est vrai que, parfois, vos jugements vous empêchent de manifester de la compassion alors qu'elle serait nécessaire. Si votre sens critique l'emporte sur votre capacité d'empathie, vous vous éloignez de votre essence humaine, en vous enfermant dans un carcan d'idées préconçues. Un sentiment de supériorité risque de vous couper du monde. La seule issue à cette froideur est la compassion.

Être capable de laisser parler son cœur, c'est pouvoir appréhender sa nature essentielle, et celle d'autrui : la compassion ouvre toutes les portes.

La première condition de la compassion est de savoir reconnaître les circonstances au cours desquelles vous vous êtes laissé abuser par des idées préconçues. Il est très simple de le mesurer : soyez attentif au rythme de votre respiration. Si vous avez le souffle court, c'est que, selon toute vraisemblance, vous êtes prisonnier de vos principes. Votre moi conscient est capable, lui aussi, de reconnaître le moment où la compassion est nécessaire : si vous vous arrêtez au milieu d'un raisonnement en vous demandant quels seraient les avantages de la compassion en de telles circonstances, c'est qu'elle s'impose. Autrement, l'idée ne vous aurait pas effleuré.

Comme vous le savez depuis l'étude de la règle n° 2, c'est à vous qu'il incombe de décider, en votre âme et conscience, d'apprendre ou non les leçons qui se présentent à vous. Pour la compassion, c'est exactement la même chose. Si vous optez pour la compassion, vous passez du domaine rationnel au domaine émotionnel. C'est la seule façon de vous mettre à la place de la personne sur laquelle vous portez un jugement et de comprendre son point de vue.

À cet égard, l'un des exemples les plus touchants que je connaisse est celui de mon amie Nicki. Lorsqu'elle était enfant, Nicki et l'une de ses petites camarades furent agressées sur le chemin de l'école par un homme qui roulait dans une voiture marron. Nicki eut la présence d'esprit de relever le numéro de la plaque, et l'homme fut arrêté peu de temps après par la police. Le souvenir de cette mésaventure hanta Nicki pendant de nombreuses années.

À l'âge adulte, Nicki devint assistante sociale. Elle n'avait pas oublié cet incident, et elle manifestait une attention toute particulière aux victimes d'agression sexuelle. Un jour, elle eut à traiter de la réinsertion d'un homme coupable de violences sur de jeunes enfants. Avec horreur, elle reconnut l'homme à la voiture marron, qui n'avait pas renoncé à son vice pendant toutes ces années.

Les pensées les plus violentes se bousculaient dans l'esprit de Nicki. Elle revivait la honte et la peur qui l'avaient envahie quinze ans plus tôt, par la faute de cet individu. Elle avait du mal à imaginer qu'un être humain ait pu se rendre coupable de telles horreurs et se sentait incapable de faire quoi que ce soit pour aider celui qui lui avait fait tant de mal.

Brusquement, Nicki fut frappée de pitié. C'était une démarche bien difficile pour elle, mais elle décida d'écouter son cœur. Elle pensa qu'elle-même, comme tous ses semblables, était capable, en certaines occasions, de commettre des actes contraires à la morale. Elle imagina les souffrances que cet homme avait dû endurer pour en arriver là et se sentit prête à le soutenir dans son combat.

La compassion est aussi un sentiment indispensable à l'égard de soi-même. Si vous avez commis une erreur grave, si vous vous êtes conduit d'une façon qui vous fait honte, si vous avez failli en quoi que ce soit, il est probable que votre première réaction sera de dresser une barrière entre votre personnalité idéale et cette partie de vous-même qui vous a déçu. Et cette démarche risque d'être tout aussi destructrice que lorsque vous jugez autrui.

Ne soyez pas plus sévère avec vous qu'avec les autres. Laissez parler votre cœur. C'est la meilleure façon d'ouvrir la porte au pardon et de vous débarrasser de ce sentiment de culpabilité qui risque d'entraver vos élans les plus généreux.

Quelles idées toutes faites devez-vous transcender pour apprendre la compassion ?

Le pardon

« L'erreur est humaine, le pardon divin. »

Alexander Pope

Le pardon consiste à effacer une dette émotionnelle. Pour passer de la compassion au pardon, il faut ouvrir son cœur et entamer un processus conscient de libération de la rancune accumulée. Ressentir les actions passées comme des fautes implique la culpabilité et le reproche, et passer son temps à reprocher quelque chose à quelqu'un ne débouche sur aucun enseignement profitable.

Il existe quatre sortes de pardon. Le premier est le pardon à l'égard de soi-même pour un manquement véniel. Il y a très peu de temps, je me suis perdue dans le métro. J'avais rendez-vous avec une amie et j'ai pris beaucoup de retard. Elle m'a attendue sous la pluie pendant près d'une heure. Je m'en voulais terriblement. Mais tout à coup, alors que je venais de monter dans le train qui me ramenait enfin dans le bon sens, je compris que j'avais fait de mon mieux et que je n'y étais personnellement pour rien. Bien sûr, je me suis excusée auprès de mon amie, mais mon sentiment de culpabilité avait disparu.

La deuxième sorte de pardon est le pardon à l'égard d'autrui pour un manquement véniel. Par exemple, dans l'épisode du métro, mon amie aurait pu me faire une scène terrible et me reprocher mon retard pendant toute la soirée. J'ai d'ailleurs été étonnée de sa réaction. Elle a accepté mes excuses de bonne grâce, sachant que je n'avais jamais eu l'intention de la faire attendre, encore moins de la laisser prendre froid sous la pluie. Dans ces conditions, ajouta-t-elle, pourquoi perdre un temps précieux en reproches et gâcher notre sortie ?

Il est possible que vous résistiez longtemps à ce type de pardon, parce qu'il est souvent réconfortant pour soi-même de reprocher ses fautes à quelqu'un. On se sent supérieur et parfaitement en droit d'en vouloir à celui qui a mal agi. Pourtant, entretenir la rancune consomme une bonne quantité d'énergie et, si vous la gaspillez de cette façon, vous en restera-t-il pour les choses plus importantes ? Si vous parvenez à vous débarrasser de vos rancunes et de votre colère, vous vous sentirez plus léger, et vous récupérerez de l'espace vital pour des sentiments plus nobles.

La troisième sorte de pardon consiste à se pardonner à soi-même pour un manquement grave, pour une mauvaise action qui vous remplit de honte. Si vous commettez un acte en violation avec votre morale et votre système de valeurs, vous créez un grave déséquilibre entre les normes que vous vous êtes fixées et la réalité de votre conduite, ce qui entame votre intégrité. Dans ce cas, il est nécessaire de faire un gros travail sur soi afin de se pardonner et de se remettre en harmonie avec ce que l'on considère comme sa vraie nature. Ce qui ne veut pas dire que vous devez faire taire la voix de votre conscience et vous absoudre automatiquement de tous vos « péchés » pour restaurer votre paix intérieure, sans regret ni remords. Mais il n'est pas bon non plus de ruminer éternellement ce genre de sentiments négatifs. Continuer à se mortifier et à se punir ne peut que contribuer à aggraver le déséquilibre et, par conséquent, à provoquer d'autres actes du même genre. Souvenez-vous que votre conscience n'est pas votre ennemie : elle est là, au contraire, pour vous ramener sur le droit chemin. Enregistrez le message, assimilez la leçon qu'il comporte et passez à autre chose.

Le dernier type de pardon est le plus difficile à conquérir. C'est le pardon à l'égard d'autrui pour un manquement grave. Il nous arrive, à tous, à un moment quelconque de notre vie, d'être blessé si gravement par quelqu'un que le pardon semble a priori impossible. Mais entretenir la rancune et les idées de vengeance fait de nous, inévitablement, des victimes, et nous entretient dans cet état ; jusqu'à ce que nous trouvions l'énergie suffisante pour pardonner et effacer l'ardoise.

À quarante-cinq ans, Maggie a été abandonnée par son mari. Après douze ans de mariage, l'époux volage vida le compte en banque du ménage et partit avec une autre. Désespérée, Maggie se trouvait aussi dans une situation matérielle difficile : femme au foyer, elle n'avait suivi aucune formation professionnelle avant son mariage et ne disposait d'aucun moyen de subsistance. Elle fut envahie à l'égard de son mari d'un sentiment de haine dont elle ne se croyait pas capable.

Il lui fallut trois ans pour reprendre pied. Elle emprunta de l'argent à sa sœur et ouvrit sa propre affaire. Maggie se sent très heureuse. Bien sûr, elle souffre encore affectivement de l'abandon de son mari, mais elle a cessé de lui en vouloir.

Sa haine s'est évaporée lorsqu'elle a décidé de renoncer à son rôle de victime et de faire face à l'adversité. Dans l'ensemble, elle considère la situation comme une expérience profitable. Grâce à cette trahison, elle sait qu'elle est capable de pardonner sans regarder inutilement en arrière.

En résumé, voici les quatre types de pardon et la façon d'y parvenir :

1. Pardon véniel à l'égard de soi-même. Soyez compatissant à l'égard de vous-même. Dites-vous que vous avez fait ce que vous pouviez faire avec vos pauvres moyens, faites des excuses et évacuez l'incident.

2. Pardon véniel à l'égard d'autrui. Faites de votre mieux pour comprendre les motivations de la personne concernée, témoignez-lui de la compassion et évacuez l'incident.

3. Pardon de soi-même pour un manquement grave. Essayez de comprendre les raisons qui vous ont animé, faites des excuses et essayez de trouver le courage de vous absoudre.

4. Pardon à l'égard d'autrui pour un manquement grave. Laissez d'abord s'exprimer votre souffrance ou votre colère afin de vous en débarrasser. Ensuite, faites tout ce qui est en votre pouvoir pour considérer l'épisode comme un échelon nécessaire pour votre propre construction.

L'éthique

« Il n'existe pas de fautes, pas plus que de coïncidences. Tous les événements sont des bienfaits qui nous guident vers la connaissance. »

Elisabeth Kübler-Ross

Supposons que vous ayez commis un acte répréhensible. Vous vous pardonnez à vous-même, vous faites des excuses à la personne que vous avez blessée et vous tentez d'effacer l'épisode de votre esprit. Mais il reste une leçon à en tirer : l'importance de l'éthique. La morale exige que nous nous conformions à des normes établies par la société à laquelle nous appartenons. Mais l'éthique ne répond pas à des codes universels. Il n'existe pas de règles valables pour tous, et ce qui est admis dans certaines cultures peut parfaitement être interdit ailleurs. Pour certains, l'éthique se définit en fonction de préceptes religieux. Pour d'autres, la morale est ce qui résulte de l'éducation reçue en classe ou en famille. Dans notre civilisation, la majorité des gens se fixent une règle simple : « Traitez les autres comme vous aimeriez qu'ils vous traitent. »

Au niveau le plus élémentaire, l'éthique nous impose ce qui est bien ou mal dans nos relations avec les autres. Nous cherchons constamment le moyen de choisir le plus sûrement possible entre le bien et le mal. Au fond de nous-même, nous faisons parfaitement la différence, mais il arrive que certaines circonstances compliquent la situation. Dans la vie, tout n'est pas forcément blanc ou noir. Il subsiste des zones de gris. Par exemple, lorsque vous étiez à l'école, vous vous êtes peut-être demandé si laisser votre voisin copier sur vous était bien ou mal. Votre camarade s'était mal préparé à l'examen en raison de difficultés relationnelles au sein de sa famille. Dans l'absolu, c'était mal de tricher et de laisser faire mais, dans le cas contraire, ses ennuis ne risquaient-ils pas d'empirer ?

Lorsque vos actes sont en conformité avec vos convictions intimes, vous êtes en paix avec vous-même et avec la morale. C'est ce qu'on appelle l'intégrité. Et l'intégrité est une vertu importante, parce que son absence crée un sentiment de division et de conflit permanent.

Lorsque vous dérogez à votre code moral, vous en êtes parfaitement conscient. Vous en éprouvez très certainement du remords, ce qui vous amène à comprendre que la leçon de l'éthique reste à apprendre. Que vous soyez pris ou non en flagrant délit n'a aucune importance. D'instinct, vous saurez que vous avez mal agi, et c'est à vous seul que vous aurez des comptes à rendre. Mais notre conscience n'est-elle pas un professeur hors pair ?

Antoine adorait sa femme Cynthia. C'était un époux attentionné, et leur vie conjugale avait des allures de conte de fées. Un beau jour, alors qu'ils se trouvaient au mariage de l'un de leurs amis, quelque chose se produisit qui aurait pu mettre leur bonheur en grand danger. Non content de flirter avec Viviane, une amie de Cynthia, Antoine se pencha sur elle et lui vola un baiser alors qu'ils se trouvaient ensemble dans l'ascenseur de l'hôtel. Ils demeurèrent enlacés pendant de longues minutes. Soudain, Antoine sembla sortir d'un mauvais rêve, il recula et bafouilla des excuses. « Qu'est-ce que je suis en train de faire ? Je suis désolé, je ne sais pas ce qui m'a pris. Je t'ai toujours trouvée très séduisante, mais ce n'est pas bien. Vraiment, je suis désolé. » D'un commun accord, ils décidèrent de faire comme s'il ne s'était rien passé. Ils sortirent de l'ascenseur et rentrèrent chacun dans leur chambre.

Antoine était effondré. Comment avait-il pu faire une chose pareille ? Il aimait sa femme plus que tout au monde, et il était horrifié de sa conduite. Il était envahi par la honte.

Le dimanche soir, à l'aéroport, Antoine était toujours tourmenté par le remords. Incapable de regarder sa femme en face, il finit par avouer sa faute. Sa sincérité risquait de briser leur mariage, mais il n'aurait pas pu vivre avec ce mensonge entre eux. Il lui fit des excuses et implora son pardon.

Cynthia fut frappée de stupeur et de colère. Après quelque temps, elle trouva pourtant le courage de pardonner. L'un et l'autre constatèrent avec joie que leur amour était assez fort pour résister aux pires épreuves.

La mansuétude de Cynthia avait soulagé d'un grand poids la conscience d'Antoine, mais il restait aux prises avec les répercussions de son manque d'intégrité. Il avait violé sa propre éthique, et il lui restait à se pardonner à lui-même. Avec le temps, il y parvint. Mais le souvenir de sa conduite et de l'état d'esprit abominable dans lequel il s'était trouvé à l'aéroport était toujours présent, et lui servirait toute sa vie de garde-fou.

Le sens de l'humour

« Il est extrêmement important d'apprendre à rire de soi-même. »

Katherine Mansfield

La leçon de l'humour vous invite à saupoudrer de légèreté et de distance des situations qui, autrement, seraient insupportables. Si vous êtes décidé à considérer vos malheurs comme des leçons et comme des erreurs riches d'enseignement, vous en aurez besoin à tout moment. Si vous savez rire de vous-même, vous aurez fait un grand pas pour dédramatiser n'importe quelle situation et pour comprendre l'absurdité de certains comportements humains, à commencer par les vôtres !

L'humour et le rire jouent aussi un rôle très important dans les relations humaines. Rire ensemble dénoue bien des conflits. L'une de mes amies me racontait dernièrement qu'au cours d'une violente dispute avec son mari, celui-ci avait fait une grimace qu'elle avait trouvée tellement comique qu'elle avait éclaté de rire. Ils comprirent en même temps que le sujet de leur dispute était futile et s'esclaffèrent tous les deux, avant de discuter de leur différend de façon plus mesurée. Comme le dit Victor Borge, « le rire est la plus courte distance entre deux êtres ».

Sur le plan mental et physique, les bienfaits du rire sont médicalement reconnus. Une bonne crise de rire dissipe les tensions, soulage le stress et diffuse dans notre organisme des endorphines, qui jouent le rôle d'un euphorisant naturel. Dans le livre qu'il a consacré, en 1976, à l'analyse d'une grave maladie et de la façon dont il en est sorti, Norman Cousins démontre que le rire est une thérapie très efficace.

Le rire chasse les souffrances qui nous accablent. Il nous apprend à ne pas nous prendre au sérieux. Il peut aussi nous aider à surmonter une épreuve difficile.

Alice avait organisé pendant près d'un an les préparatifs de son mariage. Les futurs époux avaient invité plus de trois cents personnes et prévu une magnifique réception dans un décor de rêve. Tout devait être parfait, et Alice avait tout réglé elle-même, jusqu'à la couleur des serviettes en papier.

Le grand jour arriva et tout se déroula admirablement, jusqu'à l'arrivée du monumental gâteau de mariage. Une roue de la desserte se prit dans un fil électrique, et le gâteau fit un spectaculaire vol plané pour aller s'écraser sur la piste de danse au milieu d'une mare de chocolat. Tous les invités retenaient leur souffle, s'attendant à voir la mariée fondre en larmes. Au contraire, Alice eut le bon goût de prendre le parti d'en rire. « Oh non, s'écria-t-elle, pas ça ! J'avais commandé un gâteau *à la vanille* ! »

Accordez-vous la permission de rire, en toutes circonstances. Vous verrez que le sens de l'humour, bien souvent, peut transformer une situation de crise en un moment de détente.

Règle n° 4

Une leçon se représente tant qu'elle n'est pas apprise

◆

Les leçons se répètent sous des formes variées tant qu'elles n'ont pas été assimilées. Une fois qu'une leçon est apprise, on peut passer à la suivante.

Avez-vous remarqué que les mêmes leçons se répètent ? N'avez-vous pas constaté que vous avez aimé ou épousé plusieurs fois la même personne sous des apparences et des noms divers ? Ne vous êtes-vous pas heurté encore et encore au même patron ? Ne rencontrez-vous pas des problèmes relationnels similaires avec des collègues différents ?

Dans le film intitulé *Un jour sans fin*, Bill Murray interprète un personnage qui se réveille tous les matins à la même date (le jour de la fête de la marmotte) et qui revit la même journée jusqu'à ce qu'il ait assimilé les leçons qu'elle lui réserve. Les mêmes événements se répètent jusqu'à ce qu'il trouve la « bonne » façon de les gérer. Est-ce que cela ne vous rappelle rien ?

Les leçons se répètent à l'infini, jusqu'à ce qu'elles soient apprises. Lorsque j'enseignais au lycée, j'avais coutume de dire à mes élèves : « Si vous ne parvenez pas à accepter l'autorité de vos parents, vous vivrez tôt ou tard des situations où vous vous heurterez à l'autorité d'autres personnes. Vous croiserez continuellement des gens qui chercheront à exercer sur vous leur ascendant et vous regimberez jusqu'à ce que vous ayez assimilé la leçon de l'obéissance. » Les adolescents ont tendance à penser que seuls leurs parents sont trop directifs. Une de mes élèves, à l'âge de quatorze ans, a été mise en pension. À sa grande surprise, elle s'est aperçue que les professeurs édictaient les mêmes règles que celles que lui imposait sa mère, ou que j'imposais moi-même à ma classe.

Les conseillers conjugaux peuvent en témoigner, les conjoints divorcés épousent souvent la même personne une deuxième fois. Claudie, une de mes amies, avait le chic pour attirer les hommes qui ne lui convenaient pas. Pour Claudie, porter des chaussettes dépareillées était un crime, et un tee-shirt déchiré un scandale. Du même coup, la plupart de ses admirateurs étaient fichus comme l'as de pique. Elle était très attachée aux règles du savoir-vivre et son dernier petit ami brandissait sa fourchette comme les Pierrafeu leur massue. Ce n'est que tout récemment que Claudie s'est avisée que ces hommes intervenaient probablement dans sa vie comme autant de maîtres d'école, pour lui permettre de réfléchir sur les aspects subconscients de son perfectionnisme maladif.

La même leçon, encore et encore, viendra frapper à votre porte. Vous susciterez autour de vous des « professeurs » qui vous répéteront la leçon jusqu'à ce que vous l'ayez assimilée. La seule façon d'y échapper, c'est de changer votre façon de voir les choses et de tenir compte de cet enseignement. Inutile de chercher à éluder, la leçon vous rattrapera un jour ou l'autre.

Relever le défi suppose que vous acceptiez le fait qu'à l'intérieur de vous-même, quelque chose vous attire vers le même genre de personne ou le même type de problème, aussi difficiles à supporter qu'ils vous semblent au premier abord. Selon Carl Jung, « aucune prise de conscience n'est exempte de souffrance ». Et de quoi d'autre s'agit-il, si vous acceptez enfin de revoir votre comportement pour pouvoir passer à l'étape suivante ?

L'objectif de la règle n° 4 est d'identifier vos schémas de pensée répétitifs et de vous en débarrasser. Tous les psychothérapeutes vous le diront, ce n'est pas chose facile. Changer n'est jamais simple. Préserver le statu quo ne va pas dans le sens d'une progression spirituelle, mais c'est beaucoup plus rassurant. Vous avez creusé le sillon il y a très longtemps, afin de vous protéger du monde extérieur. Se risquer hors des sentiers battus est toujours inconfortable, sinon effrayant.

Parvenir à identifier vos schémas de pensée et accepter de les modifier implique que vous vous rendiez compte dans un premier temps que votre façon de faire ne marche pas. La bonne nouvelle, c'est qu'en prenant conscience de vos faiblesses, vous apprenez à changer.

À l'occasion de mes séminaires, je rappelle fréquemment que tout changement implique six étapes. Les voici :

1. La prise de conscience – identifier le schéma ou la situation qui pose problème ;

2. Le constat – admettre que vous avez besoin de vous débarrasser de ce problème ;

3. Le choix – accepter consciemment d'évacuer le problème ;

4. La stratégie – mettre sur pied un plan réaliste ;

5. L'engagement – agir, éventuellement avec une aide extérieure ;

6. La célébration – vous féliciter de votre succès.

Aucun changement durable ne peut se faire, aucun problème ne peut être définitivement évacué, si vous ne respectez pas ces six étapes successives. Pour faciliter le processus, il vous faudra apprendre les leçons de la prise de conscience, de la bonne volonté, de la causalité et de la patience. Une fois assimilés ces enseignements, nul doute que le renoncement aux schémas qui vous gênent dans votre progression vous semblera beaucoup moins impressionnant.

La prise de conscience

« Nous ne sommes conscients de l'aurore que lorsque nous sommes éveillés. »

Henry David Thoreau

La prise de conscience est souvent un processus assez lent. Il faut du temps pour que la vérité émerge des recoins de votre esprit, malgré les toiles d'araignée accumulées à votre insu. Mais lorsque c'est fait, la lumière s'allume brusquement, comme cette ampoule rayonnante qui figure sur les bandes dessinées pour signifier la naissance d'une idée. C'est une première étape indispensable vers le changement que vous envisagez.

Il s'agit d'un état d'esprit qui se cultive. Chaque moment de votre vie vous donne l'occasion d'être en éveil ou au contraire de rester assoupi, bien à l'abri de vos habitudes.

On peut vivre sa vie après avoir branché le « pilote automatique », ou choisir de naviguer à vue, avec les risques mais aussi les satisfactions que cela comporte. Parvenir à une prise de conscience claire suppose que vous sachiez identifier les raisons qui vous incitent à reproduire les mêmes schémas. Après cela, vous pourrez entamer le processus qui vous conduira à vous en débarrasser.

L'occasion de prendre conscience d'un problème se présente chaque fois que vous vous sentez mal à l'aise dans votre vie. Chacun des moments où l'envie vous prend de dévier de votre chemin, où vous avez la vision de quelque chose de différent, vous invite à jeter un regard en vous-même et à vous poser la question : « Quelle est la part de vérité profonde dans ce que je souhaite ? Quel changement dois-je opérer pour parvenir à mon but ? » La réponse à ces questions vous amènera à une prise de conscience.

Les moyens de se réveiller sont multiples. Porter attention à vos sentiments est la meilleure façon d'accéder à vos mécanismes internes. Les sentiments sont des voyants lumineux sur le tableau de bord de la vie. Lorsque l'un d'eux s'allume, soyez sûr que c'est un signal pour vous alerter sur une défaillance interne.

S'interroger sans complaisance sur son propre comportement permet de rester en éveil. Lorsque vous observez vos réactions en spectateur objectif, l'écran opaque de vos a priori disparaît, et vous êtes en mesure d'identifier vos schémas répétitifs. Le fait de se voir dans diverses situations et de remarquer les mêmes réactions aux mêmes causes permet de retrouver le fil et de remonter à la leçon correspondante.

Certains ont recours à la méditation, à l'écriture d'un journal, à la psychothérapie, toutes démarches qui peuvent effectivement aider à y voir plus clair. D'autres collent des Post-it sur le miroir de leur salle de bains, et ça marche ! En ce qui me concerne, le fait d'être entourée de gens qui cherchent leur voie et qui la trouvent est le meilleur moyen de rester en éveil.

Dans la mesure où les mêmes leçons se répètent, et ou vous ne pouvez les assimiler que si vous ouvrez votre cœur et votre esprit, il est indispensable de cultiver cette capacité d'attention et de compréhension en profondeur que constitue la prise de conscience. Demandez-vous quels sont les schémas qui entravent votre progression. Vous serez sans doute surpris de voir à quel point ils sont évidents dès qu'on se pose la question.

La bonne volonté

« La vie ne nous demande pas d'être les meilleurs,
mais seulement de faire de notre mieux. »

H. Jackson Brown Jr

Pour réussir un changement, la clé du succès est la bonne volonté. Si vous ne parvenez pas à vous débarrasser d'habitudes encombrantes, il faut d'abord chercher à définir la nature exacte de ces entraves. Ce n'est qu'après que vous pourrez évacuer ce type de conduite.

Mais si vous voulez vraiment changer, il faut *choisir* ce changement et vous engager volontairement dans le processus adéquat. Si vous vous contentez de penser que vous devriez changer, vous *déciderez* peut-être de le faire, mais vous le vivrez comme un sacrifice. Suivre la mode, l'avis de ses amis ou les conseils de sa famille conduit à des *décisions*. C'est votre intime conviction et pas autre chose qui peut guider votre *choix*.

Supposons que le changement envisagé soit de cesser de fumer. Si vous voulez vraiment vous arrêter, vous choisirez de le faire et vous vous engagerez à réussir. Si au contraire vous avez le vague sentiment que vous devriez vous arrêter, vous vous y résoudrez peut-être, mais au prix d'un effort douloureux.

Même chose en ce qui concerne un nouveau régime. Si vous voulez réellement le suivre pour vous sentir en meilleure forme et en meilleure santé, c'est un choix. Mais si vous vous lancez parce que les journaux en parlent ou parce qu'une amie le fait, vous agirez à contrecœur et cette discipline imposée prendra le goût amer du sacrifice.

En résumé :

La volonté conduit au choix, qui conduit à son tour à l'engagement ;

Le sens du devoir conduit à la décision, qui conduit à son tour au sacrifice.

Lorsque je pense bonne volonté, je ne peux m'empêcher d'évoquer le souvenir de Karine, une jeune femme que j'ai rencontrée à l'occasion de l'un de mes ateliers sur la gestion du temps. Toujours sur le qui-vive, Karine avait beaucoup de mal à faire face à toutes ses activités. Prise entre ses rendez-vous, ses appels téléphoniques, ses tâches professionnelles diverses et ses obligations sociales, elle n'avait plus une minute à elle.

La famille de Karine vivait très mal cette situation. Son patron lui reprochait ses retards continuels. Ses amis se désolaient qu'elle oublie leurs anniversaires. La pression de son entourage devenait pesante, et Karine décida de faire quelque chose.

Elle prit de bonnes résolutions... qu'elle suivit pendant une semaine. Elle faisait de son mieux pour modifier ses habitudes, mais elle avait oublié un détail essentiel : elle ne voulait pas réellement changer. Elle aimait se sentir bousculée, harcelée, indispensable. Changer de vie, au fond, lui semblait un sacrifice insupportable. Elle ne tarda pas à réintégrer son bon vieux schéma de femme éternellement pressée.

Lorsque Karine s'inscrivit à mon atelier, quelques mois plus tard, elle était épuisée et à bout de nerfs. Elle ne supportait plus la façon dont elle vivait. Elle éprouvait le besoin de changer, non pas pour faire plaisir à quelqu'un, mais parce que cette démarche lui semblait vitale. Elle avait enfin *choisi* de changer. Elle n'avait plus envie d'arriver au milieu du repas familial, de se glisser furtivement dans son bureau par la porte de derrière. Elle était enfin prête, de l'intérieur, à abandonner ses mauvaises habitudes.

La prochaine fois que vous essaierez de changer quelque chose dans votre façon de vivre, posez-vous la question suivante : « Est-ce que je souhaite sincèrement changer sur ce point ? » Si vos efforts n'aboutissent pas, il y a de fortes chances pour que la cause de cet échec soit votre propre réticence. L'évolution est un processus qui ne se met en marche que lorsqu'on s'y abandonne de son plein gré.

La causalité

« À toute action s'oppose nécessairement une réaction similaire. »

Isaac Newton

Selon le principe de causalité, les mêmes causes produisent les mêmes effets. Il faut donc bien que nous admettions que nous sommes nous-même la cause de nos ennuis. En d'autres termes, ce qui nous arrive est provoqué par notre façon de nous projeter dans le monde. Vous aurez quelque difficulté à abandonner l'idée que les circonstances nous assaillent pour penser qu'elles sont en fait les conséquences logiques de votre propre conduite. Si vous restez dans votre tête une victime innocente du destin, vous n'aurez à endosser aucune part de responsabilité dans ce qui vous arrive, et vous pourrez rester bien à l'abri derrière le bouclier de vos schémas de pensée.

Revenons sur l'anecdote de mon amie Claudie, au perfectionnisme maladif. Lorsque nous avons discuté ensemble de sa propension à attirer le même genre d'hommes, elle s'est enfin demandé si elle ne projetait pas quelque chose qui allait dans ce sens. Peut-être sa façon d'être tirée à quatre épingles leur faisait-elle prendre conscience de leur propre identité ? Ou peut-être s'agissait-il d'une réaction chimique ? Il n'était pas possible, en tout cas, que sa propre attitude n'ait aucune influence sur ce curieux phénomène.

Prenons le cas d'André, un cuisinier renvoyé quatre fois de quatre restaurants différents pour mauvaise conduite. Il avait beau clamer sa bonne foi, affirmer que ces renvois étaient arbitraires, que le patron « l'avait dans le nez », il était bien difficile d'imaginer que quatre personnes pouvaient manifester à son égard la même injustice. Il fallait bien que quelque chose cloche chez André lui-même pour que son comportement ait déplu quatre fois de suite malgré ses talents culinaires. Il finit par le comprendre et par s'employer à changer.

La patience

« Soyez patient. Lorsque l'heure sera venue de vous réveiller et d'aller de l'avant, vous le saurez. »

Ram Dass

Être patient, c'est garder une humeur égale même lorsque les conséquences de ses actes se font attendre. Chaque fois que vous tentez d'opérer un changement en vous, vous êtes confronté à la leçon de la patience. Vous attendiez des résultats immédiats et vous êtes obligatoirement déçu, parce que les premières tentatives sont rarement réussies. Lorsqu'on veut perdre quelques kilos, il n'est pas rare que l'on prenne des libertés avec son régime. Du même coup, on s'en veut terriblement de ne pas être capable de respecter une discipline.

Changer quelque chose à sa façon de vivre est difficile, vous le savez bien. Vous devez apprendre à être patient, à ne pas trop vous brusquer. Rome ne s'est pas faite en un jour. Le développement personnel est un processus qui demande du temps et des efforts, et la patience vous sera d'un grand secours en chemin.

Si vous détestez vous trouver bloqué dans un embouteillage, et si la patience n'est pas votre fort, les épreuves vont se succéder. Il est même probable que vous attirerez les embouteillages plus que d'autres – peut-être parce que le destin a le sens de l'humour ? La vérité, c'est que vous ressentirez les encombrements plus douloureusement que vos congénères moins enclins à l'énervement.

Rappelez-vous : la même leçon se représente jusqu'à ce qu'elle soit apprise. Alors, un peu de patience.

Règle n° 5
L'apprentissage ne s'arrête jamais

Les leçons à apprendre ne sont absentes à aucun moment.
Tant que nous vivrons, tout contribuera à notre enseignement.

Vous avez sans doute remarqué que, dès qu'un problème semble résolu et la leçon apprise, un autre défi se présente. Dès que vous avez assimilé la leçon de l'estime personnelle, vous vous trouvez confronté à celle de l'humilité. À peine avez-vous compris comment être un bon père ou une bonne mère que vos enfants volent de leurs propres ailes et que vous devez apprendre la leçon de la temporisation. Vous croyez avoir un peu de temps à vous, et voilà que vous devez prendre en charge quelqu'un d'autre. Prétendre avoir la maîtrise de tous les détails de la vie est impossible, car la vie nous prépare quotidiennement de nouvelles surprises.

Le programme n'est jamais fini. Tant que nous vivrons, il nous restera des leçons à apprendre. Quels que soient notre âge, notre situation sociale, notre notoriété, nous continuerons de bénéficier de leçons nouvelles, pour aller encore plus loin. Les sentiers de notre voyage sur cette Terre déploient leurs méandres à l'infini et, au fur et à mesure que notre sagesse augmente, de nouvelles épreuves nous attendent.

C'est peut-être un soulagement de savoir qu'on ne peut jamais maîtriser totalement la vie et que s'y essayer ne peut conduire qu'à la frustration. La seule chose possible est de tenter de maîtriser le processus qui permet d'avancer sur le chemin. La vie est une école permanente, qui ne délivre pas de brevet de fin d'études. C'est le fait d'apprendre qui donne à notre existence toute sa valeur.

L'objectif de la règle n° 5 est de vous amener à prendre conscience que vous êtes et que vous serez toujours un élève de l'école de la vie. Ce qui veut dire accepter l'idée que vous ne savez pas tout ce que vous devez savoir, et que ce ne sera jamais le cas. Cela signifie également que vous devez comprendre que votre état d'élève ne vous met pas en situation d'infériorité. En fait, cela vous ouvre au contraire des mondes de possibilités qui resteront fermés à ceux qui n'acceptent pas de jouer le jeu.

Pour relever le défi et rester en permanence un élève de la vie, vous devrez apprendre les leçons de la capitulation, de l'engagement, de l'humilité et de la flexibilité, faute de quoi vous serez incapable d'ouvrir votre esprit et votre cœur assez largement pour accueillir tout ce que la vie est prête à vous apprendre.

La capitulation

« La capitulation ne freine pas notre pouvoir, elle le magnifie. »

Marianne Williamson

Capituler, c'est parvenir à transcender son ego et à abandonner le contrôle. Lorsque vous acceptez de vous soumettre aux leçons qui se présentent, vous vous autorisez à vous laisser porter par le flot au lieu de lutter contre le courant. Les sommets et les vallées qui jalonnent votre route vous semblent plus faciles à franchir.

La meilleure façon d'accepter pleinement votre rôle d'élève est de vous soumettre à *ce qui est*, plutôt que d'essayer de créer ce qui, à votre avis, devrait être. Si votre existence tout entière a été vouée à la résistance, la capitulation, un jour ou l'autre, se trouvera inscrite au programme. Si vous êtes de ces gens qui veulent toujours avoir raison ou qui possèdent un ego démesuré, la capitulation prendra pour vous des allures de défaite. Mais cette acception n'est valable que dans le contexte de la guerre. Dans la vie de tous les jours, elle est synonyme de transcendance.

Cela ne signifie pas que vous devez rester sans rien

faire et laisser les choses arriver. Mais il est important de capituler lorsque vous ne pouvez rien faire d'autre.

Ironie du sort, j'ai fait une expérience de ce genre alors que, précisément, j'étais occupée à rédiger ce chapitre : victime d'une fantaisie de mon ordinateur, j'ai perdu douze pages de texte.

Au moment où les caractères se sont effacés sur l'écran, j'ai eu le sentiment que c'était une épreuve que m'infligeait le ciel. Que pouvais-je faire ? Me lamenter sur le travail perdu, ou me rendre à l'évidence et recommencer. N'oubliez pas : capituler ou ne pas capituler revient exactement au même – la réalité ne change pas. Mes pages avaient disparu, et que je me soumette ou non ne les ferait pas revenir. Bien entendu, j'aurais préféré, comme n'importe qui, ne pas avoir travaillé toutes ces heures pour rien. Mais dans la mesure où je n'avais aucun moyen de lutter contre cette évidence, ne valait-il pas mieux faire quelques pas pour s'éclaircir les idées et se remettre au travail, plutôt que de perdre un peu plus de temps à se battre contre les moulins ?

Si vous acceptez de bonne grâce le fait que l'univers vous présentera des leçons toujours et partout, vous en viendrez à penser qu'il est inutile de chercher à deviner les desseins de la divine Providence…

Vous serez surpris de voir combien la vie sera plus facile lorsque vous cesserez de résister et que vous vous laisserez porter par la vague.

L'engagement

« Notre plus grande faiblesse est de céder au découragement.
La façon la plus sûre de réussir,
c'est toujours d'essayer encore une fois. »

Thomas Edison

L'engagement consiste à se consacrer à quelqu'un ou à quelque chose et à ne pas en démordre. Regardez un élève studieux, et vous saurez ce que l'engagement veut dire. Il se consacre uniquement à ses études et déploie tous ses efforts et toute son énergie à la poursuite d'un seul objectif : réussir. Puisque vous êtes décidé à vous inscrire parmi les élèves permanents de la vie, prenez exemple sur ce premier de classe.

Si vous souffrez d'une carence dans ce domaine, la leçon prendra constamment la forme d'un choix difficile à faire. Vous passerez des heures à choisir le parfum de votre cornet de glace, vous jouerez aux dés la façon d'occuper vos loisirs ou vous vous torturerez l'esprit pour décider du lieu où vous aimeriez vivre. Si vous n'avez pas encore assimilé cette leçon à l'âge adulte, vous ne saurez pas si vous souhaitez épouser la personne avec laquelle vous vivez depuis huit ans. Si vous n'arrivez pas à savoir si vous préférez le pain blanc ou le pain complet pour votre sandwich au thon, il est grand temps d'apprendre la leçon de l'engagement !

Mélanie était veuve et vivait seule depuis six ans lorsqu'elle se préoccupa de trouver un nouveau compagnon. À soixante-quinze ans, elle connut de nouveau le frisson d'un premier rendez-vous. Au lieu de se montrer blasée, Mélanie accepta spontanément d'apprendre toutes les leçons que la situation lui réservait. Lorsqu'un homme qui lui avait plu ne donnait plus signe de vie, elle révisait la leçon de l'estime personnelle. Quand un prétendant se montrait brutal, elle se rappelait la leçon de la compassion.

Quand elle se rendait compte qu'elle attirait exactement le genre de personne qui lui faisait horreur, elle réfléchissait à la leçon de la causalité. Sa patience fut couronnée de succès, puisqu'elle finit par rencontrer Mortimer, un délicieux retraité de soixante-dix-huit ans qui partageait sa passion pour le golf et la cuisine chinoise. Parce qu'il n'est jamais trop tard pour bien faire, Mélanie et Mortimer forment le projet de convoler en justes noces !

L'humilité

« C'est lorsqu'on atteint le sommet de la montagne que l'on commence à monter. »

Kahlil Gibran

Une personne humble nourrit en elle-même une confiance raisonnable. Elle a conscience de ses mérites, mais elle connaît aussi ses limites. À l'instant même où vous pensez avoir tout vu et tout compris, le monde vous rattrape et muselle votre arrogance d'une bonne dose d'humilité. Vous devez à tout prix abandonner l'idée que vous n'avez plus rien à apprendre. Les maîtres du zen eux-mêmes savent qu'on n'atteint jamais les cimes de la connaissance.

La leçon de l'humilité est douloureuse, car elle s'accompagne d'un sentiment pénible de dégringolade. L'univers maintient toutes choses en équilibre, si bien que lorsqu'un ego démesuré étale sa prétention et son impatience, il fait osciller le fléau de la balance et ramène l'insolent, souvent brutalement, à une vue plus juste. La blessure est douloureuse sur le moment, mais c'est la seule façon de restaurer l'équilibre.

Certains rencontrent si peu de difficultés dans leur vie qu'ils perdent le sens des réalités et qu'ils finissent par croire que tout leur est dû. Lorsqu'ils cèdent à l'arrogance, ils préparent le terrain pour la leçon de l'humilité. C'est ce qui est arrivé à Guy.

Il était beau, élégant, bronzé, avec des yeux magnifiques et pénétrants, habillé comme une figure de mode. Sa vie personnelle et professionnelle ne connaissait aucun nuage. Avec son charme et son intelligence, il n'avait qu'à paraître pour réussir.

Un jour, pourtant, son entreprise fit l'objet d'une plainte en justice. Il ne s'en inquiéta pas, persuadé que tout irait pour le mieux, comme d'habitude. Mais le procès tourna mal, et ce fut la faillite. Il essaya pendant plusieurs mois de retrouver un emploi, rien n'y fit. Ses économies fondaient comme neige au soleil. Son « pouvoir magique », il fallait bien l'admettre, avait brusquement disparu.

Lorsqu'il vint me consulter six ou sept ans plus tard, Guy ne comprenait toujours pas ce qu'il avait fait pour mériter tous ces ennuis. En fait, il avait gâché ses talents par son arrogance. Il regardait avec condescendance ceux qui n'avaient pas eu sa chance, leur parlait d'un ton protecteur, les traitait avec impatience et mépris, les jugeait stupides et inefficaces. Le chemin était tout tracé pour la leçon de l'humilité. Avec le temps, Guy finit par comprendre, même si cette leçon prenait un goût particulièrement amer.

Soyez fier de ce que vous êtes et de ce que vous avez accompli. Mais ne faites place dans votre cœur ni à l'arrogance ni au mépris. Apprenez la leçon de l'humilité avant que les circonstances ne vous l'imposent. Elle s'en trouvera allégée.

La flexibilité

« Pour s'améliorer, il faut changer.
Pour être parfait, il faut changer souvent. »

Winston Churchill

Cette boutade de Churchill nous rappelle les mérites de la flexibilité, autrement dit, de la capacité de s'adapter à une situation nouvelle. Toute votre vie, vous serez tenté de vous en tenir à « ce qui est », alors qu'il ne s'agit que d'un moment éphémère, qui devient très vite « ce qui était ». Il est absolument essentiel de s'exercer à la souplesse, car la rigidité empêche d'ouvrir les yeux sur le sentiment de liberté qu'entraînent de nouvelles possibilités. Pour bien tenir votre rôle d'élève de la vie, il importe de passer sans heurt de la « connaissance » à la « non-connaissance » de la condition de maître d'école à celle d'élève. En d'autres termes, vous aurez appris la leçon de la flexibilité lorsque vous serez capable de vous intéresser à ce qui s'annonce plutôt que de vous cramponner aux choses telles qu'elles sont au moment présent.

Les paradigmes changent avec le temps, et vous aussi. Il se peut que votre patron envisage une restructuration et pourtant, vous devrez survivre. Il se peut que votre conjoint vous quitte, et il faudra bien faire avec. La technologie évolue, et vous serez obligé de vous adapter, au risque de passer pour un dinosaure. La flexibilité vous permet d'être prêt à toute éventualité et de négocier les virages de la vie.

Entre 1900 et 1967, les Suisses étaient les premiers fabricants de montres dans le monde. En 1967, ils déposèrent le brevet du numérique mais commirent l'erreur de s'en tenir aux mécanismes de précision qui avaient connu leur heure de gloire. La clientèle ne l'entendait pas de cette oreille et la marque japonaise Seiko se mit à fabriquer des montres à quartz qui connurent un succès instantané. Sur les 67 000 horlogers que comptait la Suisse, 50 000 se retrouvèrent au chômage, parce qu'ils avaient manqué le train des nouvelles technologies. Il leur fallut plusieurs décennies pour s'en relever.

Apprenez la flexibilité : la vie est une route en lacet sur laquelle il est prudent de conduire en souplesse.

Règle n° 6
L'herbe n'est pas plus verte ailleurs

Si vous remplacez « ici » par « là-bas »,
tout ce que vous obtiendrez, c'est que là-bas deviendra ici,
et que vous penserez de nouveau trouver mieux ailleurs.

Nous pensons souvent que nous serons plus heureux lorsque nous aurons atteint tel ou tel objectif que nous nous sommes fixé. Certains rêvent d'amasser une fortune, d'autres de perdre cinq kilos ou de trouver l'âme sœur. Il peut s'agir d'exercer un métier plus gratifiant, d'acheter une nouvelle voiture, de gravir les échelons de la gloire. Quel que soit votre « ailleurs », vous êtes persuadé qu'une fois ce but atteint, vous toucherez aux sommets de la béatitude et de la paix. Vous serez enfin heureux, généreux, comblé.

Le plus souvent, les choses ne se passent pas du tout de cette façon. Vous ne cesserez pas de vous projeter ailleurs, au risque de ne pas remarquer ce qu'ici a de bon. Pensez à toutes ces situations où vous vous êtes dit : « Je serai content lorsque… » et demandez-vous si vous étiez réellement plus heureux une fois cette condition réalisée. Pendant un bref moment, peut-être, et puis vous êtes reparti pour une autre quête.

Si vous êtes perpétuellement insatisfait, vous ne serez pas en mesure de jouir du moment présent. Vous finirez par projeter votre vie dans le futur, vous privant ainsi des joies que le présent vous réserve.

L'objectif de la règle n° 6 est de vous apprendre à vivre au présent. Depuis la nuit des temps, les maîtres spirituels de toutes tendances débattent de la question de savoir comment profiter de l'instant présent, un défi encore plus difficile à affronter à l'époque actuelle, où nous sommes assaillis de promesses de gloire, de beauté ou de fortune, et cernés par les miroirs aux alouettes offerts à notre convoitise.

Il est important de savoir que la condition d'être humain passe aussi par notre manière de faire la paix avec nos désirs d'ailleurs. D'un côté, nos aspirations et nos rêves enrichissent notre vie ; ce sont ces élans naturels qui nous permettent de nourrir nos espoirs et nos passions, sans parler de l'évolution de la société.

D'un autre côté, s'ils sont exacerbés, ces désirs risquent de nous faire perdre le contact avec la réalité et de nous empêcher de jouir de la vie. Pour parfaire son éducation, pour réussir sa carrière et sa vie privée, il est important de se fixer des objectifs. Il est tout à fait légitime de chercher à améliorer sa situation future. Mais il ne faut pas pour autant négliger le présent.

Le secret est de tenir en équilibre, comme un danseur de corde, sur le fil ténu qui marque la frontière entre présent et avenir. C'est en apprenant les leçons de la gratitude, du détachement, de l'abondance et de la paix que vous parviendrez à vivre pleinement le moment présent.

La gratitude

« Lorsque vous cesserez de comparer ce qui est avec ce que vous aviez imaginé, vous pourrez enfin jouir du moment présent. »

Cheri Huber

La gratitude suppose que vous appréciez à sa juste valeur ce que vous avez réussi et ce que vous possédez *maintenant*. Ce sentiment vous remplit de joie, au fur et à mesure que vous prenez conscience des cadeaux qui vous sont faits au quotidien et de toutes les bonnes choses qui jalonnent votre chemin. En concentrant votre attention sur le moment présent, vous vivez l'émerveillement de ce qui se passe « ici ».

Mon ami Martin ne cessait de se plaindre de Los Angeles, où il habitait depuis trois ans. Il se lamentait sans cesse sur la pollution, sur la circulation, sur le coût de la vie. Martin était persuadé que tout serait plus facile dès qu'il pourrait déménager ailleurs.

Après qu'il eut terminé son doctorat, il fit ses cartons et s'installa à Boulder. Pendant des mois, il se plaignit du froid, de l'atmosphère provinciale et de la difficulté qu'il y avait à trouver une maison qui corresponde à ses goûts. Il se mit à regretter le climat ensoleillé et l'ambiance survoltée de la grande ville. La dernière fois que je l'ai rencontré, je lui ai fait gentiment remarquer que c'était peut-être le moment d'apprendre la leçon de la gratitude, d'apprécier enfin ce qui était à portée de sa main plutôt que de se projeter continuellement ailleurs.

La gratitude se cultive. Il est facile d'oublier ce qui nous est donné au profit de ce que nous aimerions obtenir. Et la tentation est forte, si nous ne nous donnons pas la peine d'y réfléchir, de diminuer la valeur de ce qui est, au profit de ce qui sera peut-être un jour. Il y a plusieurs façons de cultiver la gratitude, et la liste qui suit est purement indicative :

• Imaginez ce que serait votre vie si vous perdiez tout ce que vous avez. Comme pour George Bailey, le personnage incarné par James Stewart dans *La vie est belle,* de Frank Capra, cette hypothèse vous permettra d'apprécier à sa juste valeur ce que vous possédiez sans le savoir.

• Dressez la liste des événements de la journée qui vous inspirent de la gratitude, de façon à faire quotidiennement le point sur ce qui vous arrive de bon. C'est une démarche particulièrement utile lorsque vous avez le sentiment que vous n'avez pas de motif de satisfaction. Vous pouvez aussi consacrer mentalement quelques minutes à cet exercice avant de vous endormir.

• Offrez votre aide à ceux qui ont moins de chance que vous, cela vous aidera à avoir une vue plus juste des choses.

• Interrogez-vous sur ce que chaque événement vous apporte.

Peu importe le moyen que vous choisirez. Ce qui compte, c'est que vous parveniez à créer un espace dans votre conscience pour apprécier les aspects positifs de votre vie présente et en retirer de la satisfaction.

Le détachement

« La leçon la plus difficile à apprendre,
c'est de ne pas s'attacher aux résultats de ses actes. »

Joan Borysenko

Par le biais du détachement, vous devez faire en sorte de ne pas attacher une importance démesurée à un résultat espéré. Pour la plupart des gens, c'est l'une des leçons les moins évidentes. Nous sommes très attachés à la façon dont nous envisageons le futur, et nous faisons tout ce qui est en notre pouvoir pour que les choses se passent effectivement comme nous le souhaitons. Mais la vie, le plus souvent, n'a que faire de ces prévisions, et nous ne pourrons qu'en souffrir, à moins d'apprendre le détachement. Le plus sûr moyen d'y parvenir est de nous convaincre qu'ailleurs n'est pas nécessairement plus rose qu'ici.

Le détachement est l'une des pierres angulaires du bouddhisme. Depuis des siècles, on enseigne aux fidèles que l'un des principaux obstacles au bonheur est le désir – désir d'une personne, des biens matériels, de l'argent, d'une position sociale. Ces désirs sont à la source de nos attachements. Nous devenons dépendants d'une personne, de l'argent, d'une nouvelle voiture, d'un poste de vice-président. En fin de compte, ces liens nous échappent, nous épuisons notre énergie à les poursuivre, et nous en oublions de porter attention à ce qui est vraiment important. Le désir entraîne un sentiment d'insatisfaction permanente et conduit à la souffrance. Le chemin du bonheur passe donc par l'élimination du désir, et le meilleur moyen d'y parvenir est de cultiver le détachement.

Être détaché ne signifie pas être indifférent ou absent. Cela veut dire que nous devons nous efforcer d'être neutre dans notre manière de juger les circonstances de la vie et notre désir d'une conséquence spécifique. En d'autres termes, si votre objectif est de faire fortune, il est naturel que vous alliez dans ce sens. La clé de la sérénité, toutefois, est de parvenir à prendre une certaine distance vis-à-vis de cet objectif. C'est la seule façon d'accéder à la paix indépendamment de ce qui sortira de vos efforts dans la réalité.

Pour parvenir à ce détachement, vous devrez respecter les étapes suivantes :

1. Identifiez votre souhait et les conséquences que vous prévoyez.

2. Imaginez une issue heureuse, et envisagez aussi le scénario du pire. De cette façon, vous mettrez en lumière

vos craintes secrètes et accepterez l'idée que les choses ne se passeront pas forcément comme prévu.

3. Formulez clairement votre objectif, par écrit ou à haute et intelligible voix.

4. Créez mentalement une image de vous-même tenant votre objectif dans la paume de la main, les doigts légèrement écartés.

5. Laissez votre objectif voler de ses propres ailes, en acceptant d'avance les conséquences, quelle que soit leur nature. Vous pouvez imaginer que vous l'attachez à un ballon gonflé à l'hélium, ou toute autre méthode qui vous représente visuellement en train de le lâcher dans l'univers.

Soyez attentif à la nature de votre motivation. Il se peut que vous souhaitiez devenir riche ou trouver un mari parce que vous estimez que c'est nécessaire à votre sécurité. Hélas, la fortune ou la bague au doigt, ne conduit pas forcément à la sécurité. Les conséquences peuvent être exactement inverses. La sécurité vient de l'intérieur, elle ne naît pas de l'attachement à une personne, à une chose ou à un concept.

Pensez aussi que votre projet initial peut évoluer de façon inattendue, pour votre plus grande satisfaction. Le chemin de la fortune ne passe pas obligatoirement par un billet de loterie gagnant, mais peut-être par la proposition d'un emploi lucratif. Si vous cherchez un compagnon de route, il est possible que vous rencontriez à cette occasion un nouvel ami, qui comblera mieux qu'un amant le besoin que vous avez de vous confier, d'échanger des idées, d'entretenir une complicité tonique. Gardez les yeux grands ouverts, les cadeaux qui vous sont destinés sont peut-être cachés sous des emballages insolites.

L’abondance

« Le riche est celui qui est satisfait de ce qu’il a. »

Maximes des Pères

La peur de manquer est l’un des sentiments humains les plus répandus. Nous craignons toujours de ne pas avoir assez, si bien que nous avons tendance à imaginer un moment du futur où nous aurons tout à satiété. Un jour, pensent certains, tout ira bien, j’aurai l’argent dont j’ai besoin, les objets qui me manquent, l’amour dont je rêve, le succès que j’attends. Mais est-ce que nous avons jamais « assez » ?

L’abondance, cela signifie que tout est possible, et qu’il y a des richesses plus qu’il n’en faut pour tout le monde, ici et maintenant. Si vous modifiez votre perspective pour passer du futur au présent, vous apprendrez à discerner les richesses et les dons que vous avez déjà ; c’est cela, la leçon de l’abondance.

Alain et Linda rêvaient de mener « la grande vie ». Issus l’un et l’autre d’un milieu modeste, ils s’étaient mariés très jeunes et s’étaient promis de faire fortune. Ils avaient tous deux travaillé dur pendant des années et amassé un petit pécule, qui leur avait permis de quitter leur deux-pièces pour une splendide villa dans un quartier résidentiel. Ils accumulaient les preuves de leur ascension sociale, s'inscrivaient dans des clubs distingués, roulaient en voiture de luxe, portaient des vêtements de couturiers et ne fréquentaient que des gens de la haute société. Mais ce n'était jamais assez. Ils étaient incapables d'effacer de leur esprit la peur de la misère qui les avait étreints lorsqu'ils étaient enfants. Ils étaient prêts pour la leçon de l'abondance.

En 1987, au moment du krach boursier, Alain et Linda perdirent beaucoup d'argent. Un avocat indélicat subtilisa à son tour une bonne part de leur fortune. Une chose en entraînant une autre, ils se trouvèrent dans une situation financière très difficile. Il leur fallut vendre ce qu'ils possédaient pour payer les factures, et ils perdirent leur maison, leurs voitures et leurs relations mondaines.

Plusieurs années et beaucoup de travail ont été nécessaires pour qu'Alain et Linda retombent sur leurs pieds. Ils vivent aujourd'hui de façon beaucoup moins extravagante et s'en trouvent très heureux. En faisant le bilan de ce qu'ils possédaient vraiment – leur amour, leur bonne santé, un revenu raisonnable et des amis sincères – ils ont compris que l'abondance véritable, ce n'est pas amasser, c'est apprécier ce que l'on a.

La peur de manquer vient de ce que j'appelle le « syndrome du trou à l'âme ». Nous essayons désespérément de combler nos vides affectifs par des biens matériels. Mais il en est de la vie spirituelle comme d'un puzzle : si on ne trouve pas la bonne pièce, elle ne s'adapte pas à l'endroit où nous voulons la placer de force.

Nous avons suffisamment de ressources en nous-mêmes, et les vides ne peuvent être comblés que de l'intérieur. Si vous découvrez l'abondance véritable, vous n'aurez plus besoin de chercher ailleurs.

La paix

« Il n'y a rien à faire, sinon être. »

Stephen Levine

Vivre au présent entraîne dans son sillage l'un des bienfaits que la plupart des gens poursuivent toute leur vie : la paix. S'abandonner au moment présent procure un sentiment de calme, de tranquillité physique et mentale et fait taire la petite phrase infernale : « Je suis ici mais je voudrais être ailleurs. » Si vous jouissez pleinement du moment présent, vous n'aurez pas le temps de penser à ce qui sépare votre situation de vos attentes. Vous êtes bien trop occupé à *vivre* la situation pour songer à *l'analyser*.

L'un de mes films préférés est *Bienvenue, Mister Chance,* dans lequel Peter Sellers interprète le rôle d'un sympathique hurluberlu, Chauncey Gardner. Le candide Chauncey vit sa vie au présent, sans la moindre pensée pour ce qui ne se trouve pas directement sous ses yeux. Lorsqu'un concours de circonstances l'oblige à quitter son cher jardin pour fréquenter les hautes sphères, Chauncey ne peut que dispenser autour de lui la sagesse accumulée en cultivant la terre et en soignant ses rosiers. Bien entendu, ses silences et ses déclarations naïves apparaissent comme l'expression de savantes métaphores, et tout le monde le considère comme le plus grand maître à penser du siècle.

Chauncey rayonne d'une tranquillité confondante. Pour cet homme, la vie est simple et facile. Les références au passé et à l'avenir n'ont pour lui aucun sens. Il se concentre sur le moment présent.

La plupart des gens passent leur temps à courir après leur vie, en route pour ailleurs. Si, un beau matin, vous demandez à dix automobilistes ce qu'ils sont en train de faire, neuf d'entre eux répondront : « Je vais travailler. » Le dixième – celui qui réplique : « Je conduis ma voiture » – est le seul à avoir compris la leçon du moment présent et de la paix. Il n'arrivera sans doute pas plus tard que les autres au bureau, mais il aura sans doute apprécié la promenade plus sûrement que les neuf autres, obsédés par leur destination.

Bien sûr, je ne suggère pas que vous devez vous contenter de flotter à la surface de la vie, totalement détaché du passé et ignorant de l'avenir. Je vous conseille simplement de faire une pause à l'occasion, de vous sentir ancré dans le présent et d'en retirer un sentiment de plénitude et de paix.

Règle n° 7

Les autres sont notre miroir

Si vous aimez ou si vous détestez quelque chose chez autrui, c'est que vous l'aimez ou le détestez chez vous.

Lorsque vous rencontrez quelqu'un que vous ne connaissez pas, une première impression se forme dans votre esprit. Vous décidez en un instant si cette personne vous plaît ou si elle ne vous plaît pas. Ce choix vous est inspiré par des détails infimes, le parfum qui émane d'elle ou la couleur de ses yeux, ou par des réminiscences associées à votre propre inconscient.

Les réactions que nous manifestons à l'égard des autres, en fait, constituent le baromètre de notre perception de nous-même. Elles en disent beaucoup plus long sur nous que sur nos interlocuteurs. Si vous aimez ou si vous détestez quelque chose chez l'autre, c'est que vous l'aimez ou que vous le détestez chez vous. Nous sommes spontanément attirés par ceux qui nous ressemblent et nous rejetons d'instinct ceux qui nous paraissent différents. Nous jugeons autrui à travers nos expériences passées, nos sentiments, nos convictions. Malgré cela, nous restons persuadés que nous usons de critères parfaitement objectifs.

Pourtant, essayez d'imaginer que les gens que vous rencontrez vous renvoient, comme un miroir, des informations très importantes. Si vous acceptez ce principe, chaque rencontre nouvelle vous donnera l'occasion de mieux connaître vos rapports à l'égard de vous-même et de progresser dans la connaissance. Supposons un instant que les qualités que vous admirez chez les autres – leur force, leur talent – sont en fait des caractéristiques que vous souhaitez pour vous-même. Cela n'éclaire-t-il pas l'idée que vous avez de votre valeur ?

De la même façon, vous pouvez considérer les gens que vous n'aimez pas comme des cadeaux, puisqu'ils mettent en évidence ce dont vous ne voudriez pas pour vous-même. Imaginez que chaque fois que vous êtes fâché, blessé ou irrité par quelqu'un d'autre, l'occasion vous est offerte de régler son compte à un épisode oublié de colère, de chagrin ou d'agacement. Être capable de discerner la faiblesse chez les autres permet d'éprouver de la compassion ; c'est peut-être aussi le moment d'adoucir un jugement sévère que vous avez émis à l'égard de vous-même.

Si vous adoptez cette démarche, il devient possible de considérer tous ceux qui vous entourent comme des miroirs, aussi bien les gens que vous aimez ou admirez que ceux que vous détestez le plus cordialement. De cette façon, vous serez en mesure de discerner vos propres qualités, mais aussi les aspects de vous-même que vous rejetez.

L'objectif de la règle n° 7 est précisément de passer du stade du jugement de l'autre au stade de l'exploration de soi. Pour y parvenir, il vous faudra évaluer toutes les décisions, tous les jugements et toutes les projections que vous faites à l'égard des autres et les considérer comme autant d'indices révélateurs de la manière de guérir vos propres faiblesses, de conquérir votre intégrité.

Les leçons proposées par la règle n° 7 sont la tolérance, la transparence, la guérison et le soutien. En assimilant ces leçons, nous faisons un pas décisif vers un changement de perspective très bénéfique.

La tolérance

« Tout ce qui nous irrite chez les autres peut nous amener à nous comprendre nous-mêmes. »

Carl Jung

Dans la règle n° 1, nous avons passé en revue la notion d'acceptation et appris à appréhender favorablement tous les aspects de nous-mêmes. La tolérance est le même type de sentiment adapté à autrui. C'est une condition indispensable à la coexistence pacifique entre les hommes. « Tout le monde a le droit de vivre » : c'est ce qui ressort de la leçon de tolérance, qui fait taire la voix de la critique à l'égard des autres.

J'avais seize ans quand je pris conscience, en marchant dans la rue, d'une petite voix intérieure qui commentait tout ce qui croisait mon regard. Inutile d'ajouter que le commentaire n'était pas toujours tendre. Je compris que je pouvais trouver quelque chose de désagréable à dire sur l'ensemble de mes congénères. Le constat suivant n'est pas bien difficile à imaginer : « C'est vraiment bizarre. Se pourrait-il que je sois la seule personne parfaite de l'univers ? »

Je m'aperçus immédiatement de ce qu'une telle déclaration avait de ridicule et je saisis que tous ces jugements que je portais sur les autres avaient peut-être quelque chose à voir avec mes propres préoccupations. Il m'apparut alors que les critiques que je formulais sur les autres me renseignaient bien davantage sur moi que sur eux. Je compris aussi que je tirais profit de ces critiques pour moi-même. Trouver tous ces gens grassouillets, trop petits, mal fagotés, me permettait de penser que j'étais mince, élancée, bien habillée. Les accabler entretenait mon sentiment de supériorité.

Une partie de moi savait que juger les autres était un moyen de masquer mes sentiments d'insuffisance et d'insécurité. Je pris le parti d'examiner chacun des jugements que je formulais à l'égard des autres et de m'en servir comme d'un miroir pour explorer des replis cachés de ma propre personnalité. Peu d'entre eux me semblaient « acceptables », et la plupart me ressemblaient. En refusant de me lier à des gens différents de moi, je m'étais enfermée dans un véritable caisson d'isolement. À partir de ce jour, je décidai de partir de mon jugement sur les autres pour en apprendre davantage sur moi-même.

Pour cela, il fallait que j'abandonne l'idée de juger le monde entier. Renoncer à l'intolérance voulait dire que je ne devais plus me sentir automatiquement supérieure aux autres, et que je devais apporter une attention toute particulière à mes propres défauts.

J'ai récemment participé à un repas d'affaires avec un homme apparemment sans aucune éducation. Ma première réaction fut de m'offusquer de son absence de bonnes manières. Comprenant que je le jugeais un peu vite, je m'interrogeai sur mes propres impressions. La vérité, c'est que j'étais gênée que l'on puisse me voir en compagnie de ce grossier personnage, qui mastiquait la bouche ouverte et se mouchait bruyamment dans sa serviette de table. Je m'aperçus que j'étais surtout préoccupée de la façon dont les autres clients du restaurant me considéraient. Le vrai problème n'était pas tant la conduite de mon invité que l'embarras que je ressentais. J'avais là une excellente occasion de comprendre l'importance que j'accordais au regard des autres, une réaction qui trahissait mes propres incertitudes.

L'intérêt de la démarche est aussi et surtout de reprendre le contrôle de la situation. Si j'avais permis à mon invité de continuer à m'inspirer du dégoût, j'aurais abdiqué tout mon pouvoir. Je l'aurais autorisé à décider de ce que je devais ressentir. En comprenant que mon jugement sur lui avait en fait une relation avec l'image que je me faisais de moi-même, je reprenais le contrôle.

Lorsque vous constatez votre intolérance à l'égard de quelqu'un, posez-vous la question : « De quel sentiment est-ce que je me défends en me protégeant derrière ce jugement ? » Peut-être cette personne évoque-t-elle pour vous la gêne, l'embarras, l'insécurité, l'anxiété ou quelque autre sentiment qui contribuerait à ternir votre image. Concentrez-vous sur la signification profonde de votre jugement, et vos jugements sévères s'évanouiront. Vous serez capable de maîtriser vos émotions et de supporter plus facilement le comportement de la personne qui fait l'objet de vos critiques.

N'oubliez pas que vos jugements, pour définitifs qu'ils soient, ne peuvent pas vous servir de bouclier. Ce n'est pas parce que je jugeais que mon interlocuteur était mal élevé que je devenais incapable de me tenir mal à une autre occasion. Mais me montrer tolérante ne comportait pas non plus de danger et ne m'obligeait pas davantage à me mettre à mastiquer la bouche ouverte !

La clarté

> *« Il arrive que l'on découvre la lumière dans les endroits les plus étranges, quand on sait regarder au bon endroit. »*
>
> Jerry Garcia

La clarté, c'est une vive lumière. Chaque fois que vous parvenez à voir clair en vous, vous faites un pas de plus dans la bonne direction. Comme je le dis souvent, accéder à la lumière, c'est nettoyer son âme à l'Ajax vitres. La réalité devient transparente comme du cristal. Au moment même où vous considérez autrui comme un miroir, vous apprenez la leçon de la clarté.

Aline, une de mes stagiaires, a accédé à la clarté le jour où elle s'est aperçue que les reproches qu'elle faisait à son mari, parce qu'il semait le désordre partout, étaient une façon de se mortifier elle-même, dans la mesure où elle ne cessait d'illustrer le même défaut. L'une de mes amies a accédé à la clarté lorsqu'elle a compris que ses jugements acerbes à l'égard des hommes étaient une façon de masquer sa propre répugnance à s'engager. Vous pouvez parvenir au même résultat à n'importe quel moment de votre vie, à l'instant où vous ouvrirez les yeux de l'intérieur et où vous comprendrez ce que votre opinion des autres révèle de vous-même.

La meilleure façon de reconnaître la clarté est d'identifier les moments où elle est absente ; les moments de brouillard, par contraste, sont des indices particulièrement révélateurs. Si vous vous focalisez sur votre jugement à l'égard des autres, vous ne les utilisez pas comme miroirs et vous vous retrouvez dans le brouillard. Si vous vous concentrez sur le mal que d'autres vous ont infligé, vous vous retrouvez dans le brouillard. Par essence, chaque fois que vous vous dissociez de la signification que telle ou telle situation peut avoir pour vous-même, vous vous retrouvez dans le brouillard.

En de tels moments, il est facile de restaurer la clarté en changeant de perspective, en passant des autres à soi-même, de l'extérieur à l'intérieur. C'est une bonne occasion de faire une pause et de vous interroger sur le sens de la leçon pour vous-même. Au moment même où vous brandissez le miroir, la clarté revient.

La guérison

« La guérison est affaire de temps,
mais parfois aussi d'opportunité. »

Hippocrate

La guérison est le retour à l'intégrité et au bien-être. Le plus grand médecin de l'Antiquité s'interrogeait déjà sur ce mystère. Bien que le terme soit employé le plus souvent pour le corps, il s'applique également au domaine émotionnel et spirituel. Le processus, qui occupe toute une vie, s'emploie à débarrasser votre esprit des nuages qui l'obscurcissent et à raccommoder les accrocs de votre cœur.

Tous les êtres humains, tôt ou tard, doivent affronter la leçon de la guérison, même ceux à qui la vie semble épargner tous les soucis. Les écueils de la vie sont trop nombreux pour que le voyage se déroule sans heurt. Fort heureusement, notre civilisation attache une grande importance à la guérison et les moyens qui nous sont offerts sont nombreux. Mais toutes les méthodes extérieures resteront sans effet, tant que vous ne prendrez pas le temps de restaurer votre intégrité de l'intérieur.

Si vous savez utiliser les moyens que les autres mettent à votre disposition pour effacer vos blessures émotionnelles, l'expérience en sera facilitée. L'un de mes amis me confia un jour qu'il était impuissant. Il en était honteux et se torturait l'esprit à ce sujet. Il savait que cette impuissance était survenue le jour où sa petite amie l'avait quitté pour un autre, mais il était incapable de retrouver seul sa confiance en lui.

Finalement, il rencontra une jolie jeune femme nommée Andréa, qui lui accorda son amour sans condition. Il fallut à mon ami plusieurs mois pour que les vertus de cet amour produisent un effet curatif durable sur l'image désastreuse qu'il avait de lui-même. Mais, heureusement, c'est ce qui arriva.

Il arrive souvent que la perception que les autres ont de nous nous aide à réparer les dommages qu'a pu subir notre estime personnelle. Mais la guérison peut également prendre d'autres formes. Il n'est pas rare que d'anciennes blessures se trouvent cicatrisées par référence au moment présent. Certains sentiments, en effet, surgissent immanquablement lorsque les mêmes conditions sont réunies. Les personnes qui nous servent de miroir dans le présent nous aident parfois à guérir les blessures du passé.

Stéphanie voulait abandonner la maison d'édition dans laquelle elle travaillait pour s'établir à son compte. Mais ses relations avec son patron/mentor avaient pris un tour très particulier depuis près de sept ans, et elle avait du mal à se résoudre à le quitter. Il la traitait comme une enfant, ne lui laissait prendre aucune initiative sans son accord. Bref, il la tenait en laisse. Lorsque Stéphanie tentait d'affirmer son indépendance, son patron cherchait à la culpabiliser en lui disant qu'après tout, elle lui devait sa carrière.

Quand Stéphanie vint me trouver, elle se sentait brimée, frustrée, mais incapable de prendre une décision quelconque. Elle affirmait ouvertement son dédain à l'égard de son patron, mais racontait sur lui des anecdotes touchantes qui montraient qu'à l'évidence, elle le considérait un peu comme son père. Il était clair que Stéphanie avait des comptes à régler avec son adolescence et que c'était une occasion idéale pour en finir avec ce traumatisme.

Lorsque j'interrogeai Stéphanie sur son passé, elle me raconta une histoire qui remontait à ses vingt et un ans. Elle avait quitté la maison familiale pour s'installer avec son petit ami. Sa mère avait pris ce départ comme une atteinte personnelle. Pendant la soirée qui précédait son départ, elle s'en prit à sa fille de manière virulente. Assise au milieu des bagages qu'elle venait de boucler, Stéphanie regardait sa mère marcher vers elle à grandes enjambées, sa robe de chambre flottant autour de ses épaules comme une cape de sorcière. Lorsqu'elle arriva à sa hauteur, sa mère s'adressa à elle d'un ton sifflant : « Ce que tu fais est égoïste ! Totalement égoïste ! Comment oses-tu t'en aller de cette façon ? » Stéphanie, honteuse, ne répondit rien et, au petit matin, elle se glissa hors de chez elle comme une voleuse.

Nous sommes tombées d'accord, Stéphanie et moi, pour convenir que son départ de la maison d'édition était le reflet de cette vieille blessure. Nous savions toutes les deux qu'une occasion lui était donnée d'en finir avec ces souvenirs pénibles, en partant la tête haute, cette fois, et en affirmant son droit à l'indépendance. Après quelques répétitions, Stéphanie annonça à son patron, en le regardant bien en face, qu'elle le quittait pour suivre seule la voie qu'elle croyait être la sienne. Du même coup, la blessure secrète se trouva cicatrisée.

En ce qui vous concerne, quelles sont les blessures anciennes que vous devez guérir ?

Le soutien

« Il y a deux façons de diffuser la lumière : être la bougie, ou le miroir qui la reflète. »

Edith Wharton

Soutenir quelqu'un, c'est lui maintenir la tête hors de l'eau. On soutient quelqu'un lorsqu'on veut lui donner de l'énergie, de la force, l'aider dans, un moment difficile. Le plus piquant, c'est que lorsque vous croyez soutenir les autres, vous vous soutenez vous-même. Lorsque vous refusez d'aider quelqu'un, c'est en général que vous avez peur de vous apercevoir que vous-même avez besoin d'aide.

Lorsque je forme des animateurs au cours de mes séminaires, la première chose que je leur apprends est d'être attentifs au fait que le soutien qu'ils apportent aux participants est le reflet de leurs propres préoccupations. Si un animateur éprouve quelque difficulté à aider quelqu'un à expurger sa colère, c'est qu'il a lui-même un rapport difficile à la colère, qu'il a du mal à gérer la sienne. S'il ne parvient pas à l'aider à révéler sa force intérieure, c'est sans doute qu'il n'est pas convaincu de la valeur de sa propre force. Cette démarche n'est pas très éloignée de celle des psychanalystes, qui utilisent leurs propres réactions comme des miroirs dans lesquels les patients sont appelés à se reconnaître.

L'occasion nous est fréquemment donnée de soutenir nos amis dans l'adversité. L'une des animatrices de mon groupe, prénommée Diane, m'a raconté une histoire qui illustre très clairement la magie du soutien et la façon dont on peut l'utiliser comme miroir. Plusieurs années auparavant, Diane s'était sentie très dépressive. Elle avait rompu avec son petit ami et s'en remettait difficilement. Gravement blessée au genou dans un accident, elle avait dû passer plusieurs semaines allongée, et il est probable que ces longs moments de solitude n'avaient rien fait pour arranger les choses. Elle s'en voulait énormément d'être incapable de réagir, et pleurait tout le temps.

Un matin, Diane reçut une terrible nouvelle : le frère de sa meilleure amie venait de se tuer en voiture. Diane connaissait Marie-Anne et son frère depuis toujours, et le coup la laissa sans voix. Elle se précipita chez son amie.

Au cours des jours qui suivirent, après l'enterrement et le cortège des visiteurs, Diane ne quitta pas Marie-Anne. Elle la serrait contre son cœur, pleurait avec elle, dormait sur le tapis à côté de son lit pour ne pas qu'elle se retrouve seule au milieu de la nuit. Elle avait oublié son genou douloureux, et même sa dépression.

Lorsque les choses reprirent un cours plus normal, Diane s'aperçut que le soutien qu'elle avait accordé à Marie-Anne dépassait de beaucoup celui qu'elle avait envisagé pour elle. L'aide qu'elle avait apportée à son amie, dans une large mesure, était une compensation pour l'aide qu'elle s'était refusée à elle-même. Elle s'aperçut que ses propres larmes méritaient autant d'attention que celles des autres, et qu'elle devait se consoler avec le même soin qu'elle consolait les autres.

Lorsque vous vous apercevez que vous êtes incapable d'aider les autres, demandez-vous s'il n'existe pas à l'intérieur de vous-même quelque chose qui ne tourne pas rond. Au contraire, lorsque vous êtes en mesure d'offrir aux autres un soutien efficace, c'est que vous pouvez identifier ce qui, chez vous, requiert la même qualité d'attention.

Règle n° 8

Chacun de nous décide de ce qu'il fait de sa vie

Nous avons en main tout ce dont nous avons besoin.
Reste à savoir ce que nous allons décider d'en faire.

Chacun crée sa propre réalité. C'est à chacun de nous qu'il appartient d'écrire le scénario de sa vie. Certains en doutent, et renoncent à ce droit imprescriptible, en prétendant qu'ils n'ont pas la possibilité de faire ce qu'ils veulent parce qu'ils n'en ont pas les moyens. Ceux-là négligent une vérité fondamentale : ce ne sont pas les moyens extérieurs qui déterminent nos succès et nos échecs, mais notre foi en nous-même et notre volonté de rendre notre existence conforme à nos aspirations les plus hautes.

Libre à vous de vous réfugier derrière les prétextes les plus futiles, du genre : « Je n'ai pas pu le faire, parce que… » Vous pouvez aussi choisir de prendre votre existence en main et de la modeler selon vos désirs. Vous pouvez laisser les circonstances, votre apparence physique, l'état de vos finances ou vos origines familiales dicter votre destinée, ou bien vous pouvez transcender vos limites et faire en sorte qu'il se passe quelque chose d'extraordinaire dans votre vie. Les « oui, mais » ne conduisent nulle part, ils ne font que renforcer le sentiment de votre impuissance. Ignorez vos limites, et le monde répondra en conséquence.

Joseph Cambell a dit : « Le monde est à votre mesure, et vous êtes à la mesure du monde. » Cela signifie que si vous reconnaissez vos objectifs, vos dons et votre réalité personnelle, si vous acceptez le cheminement qu'ils impliquent, le monde vous fournira tout ce qui vous est nécessaire pour réussir. De votre côté, vous découvrirez quelle est votre contribution au monde. Lorsque vous tenez les rênes de votre vie, le monde répond en conséquence, et l'étincelle du génie s'allume.

L'objectif de la règle n° 8 est donc de créer votre propre réalité et de la maîtriser. La première étape est une forme d'éveil, la fin de l'inconscience. Pour ma part, je me rappelle parfaitement le moment où ce changement capital est survenu dans ma vie. Je venais de recevoir les trois messages dont je parle au début de cet ouvrage. Curieusement, au lieu de me sentir soulagée ou inspirée, je me suis sentie très déprimée. J'ai pleuré pendant des journées entières, sans savoir pourquoi, jusqu'à l'instant où j'ai compris que je ne pourrais plus jamais me laisser porter par le flot lénifiant des « je ne sais pas ». Une fois connue la finalité de ma vie, j'étais sortie de la zone de sécurité de l'ignorance, que l'on appelle aussi l'enfance, pour entrer dans l'âge adulte. Il m'était désormais impossible de me fermer l'esprit et le cœur. Je pleurais, parce que je comprenais que je venais de perdre à jamais mon insouciance, pour accepter les devoirs de la maturité. Ce passage me rendait un peu triste, mais j'étais prête à prendre les commandes de mon existence.

Quand on commence à vivre sa vie en sachant que ce qu'on en fait dépend de soi, on peut enfin la modeler selon ses choix et ses désirs. Les leçons que vous propose la règle n° 8 sont celles de la responsabilité, de la résignation, du courage, de la force et de l'aventure. Ces leçons vous permettront d'acquérir les outils qui vous seront indispensables pour prendre le contrôle de votre vie.

La responsabilité

« Nous devons accepter les conséquences de chacun de nos actes,
de chacune de nos paroles et de nos pensées,
tout au long de notre vie. »

Elisabeth Kübler-Ross

Prendre ses responsabilités signifie admettre que nous avons un rôle à jouer et une influence sur les situations dans lesquelles nous nous trouvons. Cela signifie que nous avons à répondre de notre conduite et à en accepter les conséquences.

Être responsable, cependant, ne veut pas dire être l'objet de tous les reproches et il importe de bien faire la différence pour assimiler correctement cette leçon. Le reproche est associé à la notion de faute, alors que la responsabilité est une question d'autorité, de contrôle sur la situation. Il entraîne un sentiment négatif de culpabilité ; la responsabilité entraîne le soulagement de ne pas avoir à se dérober et permet d'évacuer cette culpabilité. Le reproche nous bloque, la responsabilité nous libère et nous oblige à aller de l'avant.

La responsabilité amène un certain nombre de gratifications, mais c'est une leçon qui ne s'apprend pas sans peine.

J'ai rencontré une jeune femme que j'appellerai Maria, et dont l'exemple à cet égard me paraît très significatif. Née à Cuba, elle était arrivée à Miami, avec ses parents, à l'âge de deux ans. Sa famille vivait dans un quartier sensible où la délinquance et la drogue étaient monnaie courante. Dès l'enfance, pourtant, Maria était bien décidée à prendre sa vie en main, à ne pas devenir femme de ménage ou caissière dans un supermarché comme la plupart de ses voisines. Elle fit donc tout ce qui était en son pouvoir pour obtenir de bons résultats à l'école.

Un jour elle quitta Miami, fréquenta l'université et cultiva ses dons naturels pour la musique. C'est aujourd'hui une chanteuse connue, et ses disques se vendent dans le monde entier. Au lieu de se battre, elle aurait pu en vouloir à ses parents ou renier sa culture. Elle aurait pu abdiquer sa responsabilité et personne n'aurait pu lui en vouloir d'avoir cédé à la facilité. Au lieu de cela, elle mène une existence dont elle peut être fière.

En ma qualité de mère, j'essaie d'inculquer à Jennifer, ma fille, quelques principes simples. Je souhaite qu'elle devienne une femme capable de tenir ses engagements, de comprendre les obligations qui accompagnent les privilèges et qui accepte la responsabilité de ses actes en toute occasion.

La responsabilité est l'une des leçons les plus importantes de l'âge adulte. Si vous ne l'avez pas encore apprise, il n'est pas trop tard. N'oubliez pas que la vie vous réserve quantité d'occasions de rattraper le temps perdu.

La résignation

« Apprenez à laisser faire. C'est la clé du bonheur. »

Bouddha

La résignation, au sens mystique du terme, est une vertu bien utile. Parfois, vous devez provoquer les événements, dans d'autres cas, il est sage de laisser faire. Il n'y a pas de hiérarchie entre ces deux attitudes, vous devrez choisir la meilleure dans chacune des situations qui se présentent à vous. Dans une relation amoureuse, par exemple, il y a un temps pour l'action et un temps pour l'attente. Dans le travail, il arrive que vous soyez amené à contester une décision, alors qu'il est plus raisonnable, dans certaines circonstances, d'attendre et de voir venir, afin de réserver son énergie pour des combats plus importants.

La leçon de la résignation est apprise dès qu'il s'agit d'un acte conscient et non pas une forme de passivité qui vous aiderait à échapper à vos responsabilités.

Il y aura des moments, dans votre vie, où vous devrez vous défaire de certains blocages qui vous empêchent de créer votre propre réalité. L'une de mes stagiaires, nommée Nancy, avait si peu d'estime d'elle-même qu'elle hésitait continuellement à prendre le contrôle de sa vie. Elle ne croyait pas être capable du meilleur et se contentait de la mention « passable ». Élevée au Brésil, Nancy avait toujours été comparée, à son désavantage, à sa sœur aînée. Sa mère la présentait immanquablement comme « ma deuxième fille », si bien qu'elle avait fini par croire qu'elle ne pourrait jamais être la première en quoi que ce soit. Même ses vêtements étaient de seconde main, et on ne lui offrait jamais d'autres jouets que ceux dont sa sœur ne voulait plus. Pour affronter les défis et remporter les victoires de l'âge adulte, Nancy devait d'abord évacuer ce problème.

Il existe un autre sentiment capable de freiner notre évolution, c'est la colère. Certains se cramponnent à leur colère contre leurs parents, contre l'éducation qu'ils ont reçue, contre un conjoint qui les déçoit, ou contre le destin qui leur joue des tours pendables. Cette colère parasite leur subconscient et les empêche de cultiver leur capacité naturelle de création. Ils se concentrent si fort sur ces sentiments destructeurs qu'ils deviennent insensibles au pardon et à l'oubli des offenses.

Il arrive aussi que les mauvais souvenirs nous encombrent l'esprit au point de nous interdire nos élans de générosité et d'imagination. Il est bien regrettable qu'on nous fasse du mal, mais se complaire dans le souvenir de ces mauvais traitements est souvent plus dévastateur que l'événement lui-même. Là encore, la résignation est indispensable. Nous sommes capables de surmonter la réminiscence des pires épreuves si nous le voulons vraiment. Le cœur humain a des ressources de miséricorde infinies.

Il arrive qu'il soit indispensable d'évacuer des situations pénibles, une union malheureuse ou un travail ingrat, pour accéder à une réalité plus gratifiante. Lorsque j'ai connu Éric et Sarah, ils étaient empêtrés dans une situation impossible. Ils se faisaient mille reproches et se détruisaient mutuellement. Lorsque je leur demandai pourquoi ils restaient ensemble malgré un désaccord aussi patent, ils furent incapables l'un et l'autre de formuler une réponse logique. La réalité, c'est que ce conflit permanent les dispensait de réfléchir à ce qu'ils allaient faire de leur vie, une perspective qu'ils fuyaient avec horreur.

Quels que soient les blocages qui entravent votre marche en avant, vous avez le moyen de vous en débarrasser en appliquant deux leçons que nous avons déjà passées en revue : la prise de conscience et la bonne volonté. Une fois que vous avez pris conscience de l'obstacle, vous trouverez le moyen de vous en débarrasser et d'évacuer le problème.

Le courage

« Le courage est le prix que demande la vie en échange de la paix. »

Amelia Earhart

Avoir du courage, c'est trouver l'élan et la force intérieure nécessaires pour combattre le danger, la difficulté ou l'opposition. C'est le courage qui permet d'accomplir les actions d'éclat les plus spectaculaires, mais c'est lui aussi qui préside aux premiers pas de bébé. Il existe en chacun de nous, prêt à se manifester chaque fois que des barrières à première vue insurmontables se dressent devant nous. C'est la source d'énergie qui nous permet d'aller de l'avant.

Il faut du courage pour accepter l'idée que nous avons le pouvoir de mener notre vie comme nous l'entendons et pour agir en ce sens. Vous pouvez apprendre à solliciter votre courage en analysant ce qui se passe à l'intérieur de vous-même et en le nourrissant de spirituel. Qu'est-ce qui vous incite à agir ? Pour certains, c'est la conviction qu'il existe une puissance supérieure, pour d'autres la pratique de la méditation, la lecture des philosophes ou des penseurs du passé. Peu importent vos liens avec la transcendance ou le divin, ce qui compte, c'est que vous sachiez y puiser le courage nécessaire dans les moments difficiles.

À certains moments, vous serez incapable de localiser les réserves de courage qui sont en vous. C'est en de telles circonstances que vous aurez besoin de ceux qui vous aiment. Vous pouvez retrouver votre courage dans le soutien de ceux qui croient en vous assez fort pour vous permettre de surmonter cette phase d'amnésie temporaire, à l'occasion de laquelle vous avez oublié votre ténacité.

La leçon du courage est apprise lorsque vous avez assez de foi pour sauter dans le vide et passer à l'action. Lorsque j'étais enfant, j'ai appris à plonger. Pendant des semaines, je suis restée immobile, tout au bout de la planche, essayant de trouver le courage de plonger la tête la première dans l'eau de la piscine. Trois dimanches de suite, mon père est resté au bas de l'échelle, me prodiguant ses encouragements. Il me montrait patiemment la façon de procéder, mais j'étais paralysée par la peur. Je ne savais pas pourquoi j'avais peur, parce que j'étais sûre de ne pas me faire mal et que la pensée de l'échec m'était indifférente. Je pense que j'avais peur, simplement, comme tous les êtres humains, au moment de sauter, au sens propre ou au sens figuré, dans l'inconnu.

Soudain, je me suis rendu compte que tout ce que j'avais à faire était de prendre une grande inspiration et d'y aller. Je montai l'échelle une fois de plus, me retrouvai sur le bord de la planche devenue familière, récitai mentalement une courte prière et sautai. J'avais plongé. Peut-être pas selon les règles de l'art, mais c'était un plongeon tout de même. Aucun roulement de tambour n'accompagnait cet exploit, mais c'est à cet instant que j'ai compris la leçon du courage.

Quelles sont les peurs qui vous empêchent de sauter dans le grand bain ? Tirez-les au clair, de façon à pouvoir desserrer l'étau. Les peurs, réelles ou imaginaires, ne font que vous gêner dans votre progression. Extirpez-les de votre vie, et vous aurez appris la leçon du courage.

La force

« Il n'y a personne, nulle part, qui ne soit capable de faire davantage que ce qu'il croit pouvoir faire. »

Henry Ford

La force nous permet de démontrer notre capacité à manifester la réalité. À l'intérieur de chacun de nous réside la source de cette force et nous devons être capables de la convoquer pour modeler nos vies conformément à nos vœux. La force est un état naturel. Nous la possédons tous et nous y avons un accès imprescriptible.

Il n'est pas nécessaire de chercher la force à l'extérieur, puisqu'elle est innée. Elle est aussi essentielle à notre survie que l'air que nous respirons. La force est ce qui nous permet, jour après jour, d'aller de l'avant, ce qui nous soutient dans les moments difficiles, ce qui nous donne la possibilité de faire ce que nous croyons devoir faire. Elle brille comme un fanal, et nous projetons sa lumière vers le monde extérieur.

En 1983, j'ai fondé une association destinée à apprendre à de jeunes adultes étrangers, âgés de 18 à 25 ans, à tenir leur maison. J'étais enthousiasmée par le projet et bien décidée à le voir aboutir. Notre conseil juridique, à l'époque était un homme d'un certain âge nommé Marcus, qui me toisait du haut de son mètre quatre-vingt-dix. Il affirma qu'il ne serait jamais possible d'obtenir des visas pour ces jeunes appelés à vivre dans une famille pendant un an pour assimiler les principes de la gestion domestique. Alors même que nous attendions notre tour devant les bureaux de l'immigration, Marcus ne cessait de tenir des propos pessimistes, affirmant que je perdais mon temps.

Je fis appel à toute ma force intérieure pour que le projet aboutisse. Je respirai très fort et fis face à mon imposant interlocuteur. Je lui dis que j'espérais beaucoup obtenir ces visas et que je souhaitais vivement son soutien. L'entretien se passa au mieux, je répondis sans faute aux questions pièges et je suis certaine que Marcus lui-même était ravi d'avoir eu tort.

Malheureusement, il arrive aussi que nous ayons du mal à discerner la lumière qui est en nous. Notre circuit intime n'est pas à l'abri des « sautes de tension ». Dans ces cas-là, il faut trouver la panne et réparer.

Les « pannes » se présentent sous des formes diverses : l'intimidation, le découragement, la déception, l'opposition, le doute, pour n'en citer que quelques-unes. Elles surviennent lorsque votre résistance est à bout ou que votre confiance en vous diminue. Le meilleur moyen de réparer la panne est de se remémorer les succès passés et l'énergie dont vous vous êtes montré capable. Faites régulièrement des petites choses pour vous prouver que vous savez les faire, comme suspendre un tableau ou programmer le magnétoscope. Perdez l'habitude de compter automatiquement sur les autres, et votre confiance en vous s'en trouvera renforcée. De telles situations se présenteront toute votre vie. Mais si vous trouvez la bonne méthode pour accéder facilement à la force qui est en vous, vous sortirez vainqueur de l'épreuve et vous ne vous laisserez pas surprendre aussi souvent.

Le goût de l'aventure

« La vie est une aventure, sinon elle n'est rien. »

Helen Keller

Helen Keller sait de quoi elle parle. Elle est née sourde et aveugle. Il a fallu toute l'intelligence de son entourage et toute son énergie personnelle pour qu'elle cesse de vivre en petit animal traqué, prisonnier du silence et de la nuit, pour redevenir une personne à part entière. Votre existence, à vous aussi, peut être une suite d'aventures extraordinaires, remplie de moments merveilleux et d'expériences fabuleuses. Si vous laissez la porte ouverte aux surprises qu'elle vous réserve, elle se transformera en parcours enchanté. Ne muselez pas votre enthousiasme : l'aventure est au bout du chemin.

Une aventure est une expérience qui fait bon marché de votre confort quotidien. Votre sang circule plus vite et votre cœur bat à la pensée de ce qui vous attend. L'aventure, le goût du risque élargissent votre horizon et vous entraînent vers des mondes inexplorés. Vous êtes conscient que vous êtes vivant, et que cela en vaut la peine.

C'est à vous de décider ce que vous faites de votre existence. Vous pouvez tout aussi bien mener une vie remplie d'aventures grandes ou petites, ou rester bien au chaud dans votre cocon, sans jamais connaître la joie de vous abandonner à l'imprévu avec audace et détermination. Un parcours dénué d'aventure est certainement plus rassurant, mais tellement plus terne. Si vous ne prenez pas de risque, vous ne progresserez jamais.

Or, nous sommes nés avec une soif d'apprendre qui nous projette hors du quotidien. Les enfants, spontanément, ont le goût de l'aventure et sont naturellement curieux, prêts à toutes les expériences. Ni les convenances sociales ni la peur de l'échec ne sont là pour les freiner. Mais au fur et à mesure que nous grandissons, le monde nous impose ses peurs et ses interdits. Le monde de l'aventure est barré par des avertissements multiples « Ne touche pas ! Tiens-toi bien ! » L'étincelle pâlit peu à peu, et les bambins insouciants, sans même s'en apercevoir, deviennent des adultes responsables.

C'est ce sens du merveilleux que nous devons retrouver, pour que la joie de découvrir des mondes nouveaux nous revienne en mémoire. L'étincelle oubliée revient parfois, sous forme d'une envie subite – apprendre à conduire une planche à voile ou partir en Alaska –, que nous chassons d'un revers de main, parce que nous la considérons, avec l'assurance péremptoire des grandes personnes, comme une idée stupide ou un risque inutile. Mais si vous savez cultiver cette étincelle, vous ouvrirez la porte à des expériences merveilleuses et à des rencontres inoubliables. Vous pourrez vivre vos rêves.

À certains moments de ma vie, je n'ai pas voulu voir l'étincelle. J'ai concentré toute mon énergie sur la responsabilité et la discipline, en négligeant le besoin fondamental qu'ont les êtres humains d'explorer et de connaître des domaines nouveaux. Ma vie policée est devenue si ennuyeuse qu'il m'a bien fallu renouer avec l'inattendu. J'avais oublié trop longtemps cette partie de moi qui prenait des risques et éprouvait de nouvelles sensations. Je me suis promis de redevenir attentive à l'appel de l'aventure, ce qui m'a permis de vivre des expériences fabuleuses que j'aurais manquées si je ne m'étais pas réveillée à temps.

Je suis allée à New York récemment, et j'ai visité Riverside Church, à l'ouest de Manhattan. Nous étions en décembre, il faisait un temps superbe ce soir-là, et j'ai eu envie de monter sur la plus haute tour pour admirer le paysage. Je savais que cette envie était un signal, et j'ai gravi, malgré mon vertige, ce qui m'est apparu comme un millier de marches avant de me retrouver au sommet de l'église.

La vue, en effet, était magnifique. Les lumières de la ville brillaient comme des millions d'étoiles et se reflétaient dans l'eau à l'infini, comme autant de pierres précieuses. Je respirai la fraîcheur du soir et connus un moment de béatitude absolue. Quelle chance de ne pas avoir cédé au confort et d'avoir suivi mon impulsion !

Souvenez-vous des aventures que vous avez vécues, de ces moments où vous avez quitté l'abri rassurant de l'habitude ou du confort. Ce sont des trésors inestimables et ils vous aideront à comprendre les joies de la vie. Considérez ces instants comme des tournants, vous serez prêt à renouveler l'expérience.

Imaginez-vous à quatre-vingt-dix ans, en train de récapituler ce que fut votre existence. Que souhaitez-vous voir ? Je n'ai pas oublié cette phrase d'une amie que j'ai connue à l'université : « Les seules choses que l'on regrette sont celles que l'on n'a pas faites. » Pour ma part, je n'aimerais pas voir se dérouler le film d'une vie remplie de regrets. Je préfère une vie pleine de belles choses, comme ce tapis infini et scintillant que j'ai contemplé du haut de la tour. N'avez-vous pas besoin de rompre un peu plus souvent avec la routine ? Rappelez-vous cette phrase de Goethe :

« Ce que vous pouvez faire, ou ce que vous croyez pouvoir faire, faites-le. L'audace s'apparente au génie, à la puissance et à la magie. »

Règle n° 9

Toutes les questions ont déjà une réponse

Vous n'avez pas autre chose à faire que regarder, écouter et vous faire confiance.

Toutes les réponses aux questions que vous vous posez sont à portée de votre main. Il vous suffit de regarder de tous vos yeux, d'écouter de toutes vos oreilles et surtout de faire confiance à votre instinct. Aucune source extérieure de sagesse ne peut parvenir jusqu'à vous pour résoudre vos problèmes intimes si vous ne vous efforcez pas d'abord d'être votre propre professeur. À l'intérieur de vous-même, vous savez déjà tout ce que vous avez besoin de savoir.

Nous possédons tous un ADN spirituel, une forme de sagesse intérieure qui réside en nous et nous transmet des messages adaptés à notre itinéraire personnel. Ces messages sont des signaux ou des directives, fruits de notre intuition naturelle qui nous guide vers une existence authentique. Ce sont les galets lumineux, sur notre passage à gué, qui nous préservent des grands fonds et nous aident à trouver la bonne voie. Ils s'allument et clignotent au moment voulu pour nous fournir les réponses dont nous avons besoin.

Les indices qui nous parviennent peuvent prendre une infinité de formes. Parfois, c'est une petite voix intérieure, à d'autres moments un éclair de clairvoyance. Le message peut parvenir jusqu'à nous par le biais d'une lettre, d'un coup de téléphone ou d'un proverbe inscrit dans un cendrier ou sur le couvercle d'une boîte à thé. Il peut sonner comme un carillon de cloches dans le lointain, ou flotter dans les airs comme un murmure – c'est le cas du message adressé au personnage qu'incarne Kevin Costner dans *Jusqu'au bout du rêve* (« Si tu le construis, ils viendront. »). Vous saurez sans difficulté s'il s'agit véritablement d'un message : il s'imposera et se répétera jusqu'à ce que vous lui prêtiez l'oreille.

Même si vous n'êtes pas disposé à les écouter, les messages vous retrouveront partout où vous chercherez à vous cacher. Si vous fermez la porte, ils entreront par la fenêtre. Si vous barricadez les fenêtres, ils se glisseront par la cheminée. Si vous refusez d'écouter cette petite voix intérieure, si vous fermez votre cœur à la vérité, elle trouvera d'autres moyens de se manifester par la négative : la dépression, la dépendance ou simplement la mauvaise humeur. Plus vite vous accepterez la vérité, plus légers seront vos pas sur la voie de la sagesse.

Il y a quelques années, je devais dîner avec les membres de mon équipe. Nous étions au mois de décembre, il neigeait et nous attendions les quatre retardataires. C'étaient des gens sérieux et responsables, et je m'inquiétais de ce retard inhabituel. Une heure plus tard, ils n'étaient toujours pas là. C'est alors que j'entendis une petite voix qui disait : « Va te poster au coin de la rue. » J'étais enceinte de sept mois, le temps était glacial, et je n'avais aucune raison de faire le sémaphore. Je fis taire la voix et continuai à discuter avec mes amis.

Mais le message reprit plus fort. Je trouvai une vague excuse, drapai mon gros ventre dans les plis de mon manteau et sortis. Vous vous en doutez, j'allai me poster à l'angle de la rue, malgré le ridicule de la situation.

À ce moment précis, la voiture de mes amis déboucha d'une rue voisine : ils tournaient en rond depuis plus d'une heure, incapables de trouver l'adresse du rendez-vous, et furent enchantés et surpris de me voir. « Qu'est-ce que tu fais là, par ce froid ? » me dit l'un d'eux. « C'est mon secret », répondis-je.

Les messages qui nous parviennent sont parfois aussi bizarres et aussi futiles que celui-là. Peu importe. Si vous vous sentez poussé à sortir le chien, faites-le. Marcher dans le parc en oubliant vos préoccupations du moment est peut-être nécessaire, à ce moment-là, à votre santé physique et mentale.

Tous les messages ont un sens. Si vous savez écouter, vous trouverez la bonne longueur d'onde. L'objectif de la régle n° 9 est de vous amener à entendre les messages qui vous sont destinés et à les suivre. Votre esprit travaille sans cesse et il y a beaucoup de parasites sur la ligne. C'est pourquoi il est important et souvent difficile d'isoler les vrais messages de ce bruit de fond. Ceux qui nous échappent le plus volontiers, bien sûr, sont ceux qui nous prennent au dépourvu. Ce sont pourtant les plus significatifs.

Suivre les messages que nous envoie notre sagesse intérieure nous permet d'éviter ce que j'appelle le « syndrome de l'imposteur », cette faculté que nous avons de simuler, de jouer un rôle pour lequel nous ne sommes pas faits, sans avoir le courage de le reconnaître.

Pour retrouver plus facilement les voies de notre sagesse innée, il vous faudra apprendre les leçons de l'attention, de la confiance et de l'inspiration. C'est le seul moyen d'accéder aux réponses qui se trouvent déjà en vous.

L'attention

« La prise de conscience, ce n'est pas autre chose que l'attention soutenue que nous portons à tout ce qui nous entoure. »

Deepak Chopra

L'attention suppose que vous sachiez tirer profit des messages qui vous parviennent, verbalement ou par d'autres biais. La leçon de l'attention n'est à aucun moment aussi importante que lorsqu'il s'agit de notre connaissance intime ; quel est l'intérêt de cette connaissance quasi divine si nous ne savons pas l'exploiter ? Vous apprendrez la leçon de l'attention lorsque vous saurez utiliser au mieux de vos intérêts les messages que vous envoie votre ADN spirituel.

Vous connaissez peut-être l'histoire de cet homme très pieux qui avait en Dieu une confiance illimitée. Il s'abîmait chaque jour en prières et il était certain que, s'il lui arrivait quelque chose de fâcheux, le Seigneur viendrait à son secours.

Un beau jour, il commença à pleuvoir. Le village de cet homme fut inondé, et tout le monde se hâta de se mettre à l'abri. Des voisins passèrent près de chez lui en voiture et le pressèrent de les accompagner.

« Le Seigneur me sauvera », répondit-il.

La pluie continuait à tomber, et le niveau des eaux était si haut que l'homme monta au deuxième étage de sa maison. Un bateau passait par là, et ses occupants le pressèrent de monter à bord.

Mais, de nouveau, il répondit : « Non, merci. Le Seigneur me sauvera. »

Les flots montaient toujours, et l'homme dut se réfugier sur le toit de sa maison pour se mettre à l'abri. Un hélicoptère le survola et le pilote cria : « Je vais vous lancer un filin, et je vous hisserai à mes côtés. »

« C'est bien aimable à vous, dit le saint homme au pilote, mais le Seigneur est prêt à me venir en aide. Dieu fera ce qu'il faut, et il me sauvera. »

En quelques minutes, le niveau de l'eau dépassa le sommet des maisons, l'homme fut emporté et se noya. Il arriva au ciel et lorsque Dieu, qui venait accueillir les nouveaux arrivants, l'aperçut, il fut très surpris.

« Que fais-tu ici ? Ton heure n'était pas encore venue. » Alors, l'homme dit au Seigneur : « Je croyais en toi. Je croyais que tu viendrais me sauver. J'ai attendu et tu n'es pas venu. Que s'est-il passé ? »

Et le Seigneur répondit : « Je t'ai envoyé une voiture, un bateau et même un hélicoptère. Que veux-tu de plus ? »

La morale de l'histoire, c'est que nous devons être attentifs aux messages que nous recevons et ne pas forcément leur donner le sens que nous attendions. Tâchons donc de recevoir et d'interpréter des événements qui jalonnent notre destin en ouvrant grand notre esprit et notre cœur.

La confiance

« Aie confiance en toi ; tous les cœurs vibrent à l'unisson de cette corde de fer. »

Ralph Waldo Emerson

Une fois que vous aurez appris à écouter les messages qui vous sont destinés, vous pourrez passer au stade suivant : leur accorder du crédit. Vous apprendrez la leçon de la confiance lorsque vous sauterez dans l'inconnu en sachant que c'est pour votre bien. La confiance vous permet d'harmoniser vos instincts et la reconnaissance de ce qui va dans votre intérêt. De cette façon, vous vous reposerez de manière absolue sur la validité de ces messages.

Dans le cadre de mes ateliers, j'incite les participants à croire ce que leur disent les messages qu'ils reçoivent. Très souvent, ils en ont peur. Lorsqu'ils surmontent cette peur et commencent à écouter avec attention leurs messages intérieurs, il se passe des choses étonnantes. J'ai vu un banquier compassé gesticuler en jouant de la guitare électrique. J'ai entendu Sari, mannequin vedette d'une agence de New York, se mettre à hurler à tue-tête et comprendre qu'elle avait besoin, une fois terminées ses séances de photo, de se retrouver au sein de la nature et de donner libre cours à sa vitalité.

On nous apprend, tout au long de notre vie, à nous méfier de nous-mêmes. Les enfants doivent abdiquer leurs idées personnelles et faire comme leurs parents, « parce que c'est comme ça ». Les médias nous invitent à chercher des réponses à l'extérieur – dans des loisirs imposés, dans des produits à la mode, auprès de « gourous » divers et variés. Même les programmes scolaires s'emploient à tuer l'imagination et le libre arbitre. On nous bombarde de messages qui nous mettent en garde contre nos initiatives personnelles.

Lorsque Émilie était enfant, son entourage ne manquait jamais de lui faire comprendre que son comportement n'était pas adapté à la situation. Le jour de son douzième anniversaire, par exemple, Émilie était triste et ne faisait aucun effort pour le cacher. Sa mère la réprimanda sévèrement : « Tu n'as pas le droit d'être triste. C'est ton anniversaire, tâche de faire bonne figure. » Le jour de la mort de sa grand-mère, Émilie sortit dans le jardin et se mit à sauter à la corde. « C'est bientôt fini, tout ce bruit ? dit sa mère. Est-ce que tu oublies que grand-mère est morte ? Tu es en deuil, je te le rappelle. »

Jamais Émilie n'était autorisée à exprimer des sentiments spontanés. Elle se sentait continuellement déphasée, et ne savait plus démêler ses véritables émotions. Si bien que, devenue adulte, elle était incapable de prendre une décision sans consulter quelqu'un d'autre. Quand on lui posait une question, elle répondait : « Je ne sais pas. » Il était urgent qu'Émilie aborde la leçon de la confiance, qu'elle apprenne à faire des choix et à suivre ses propres intuitions.

À vingt-deux ans, Émilie conçut le projet de monter sa propre affaire. Elle voulait créer et vendre des modèles de poupées de chiffon. Elle avait aimé coudre toute sa vie, et avait offert à ses amis des dizaines de poupées de sa fabrication. Elle rêvait de faire de sa passion un métier.

Mais sa famille et ses amis étaient inquiets. L'investissement était énorme, Émilie n'avait aucune expérience des affaires et aucune étude de marché ne permettait de savoir si ces poupées se vendraient. Ne sachant plus ce qu'elle devait faire, elle envisagea de poursuivre ses études. C'est à cette époque qu'une amie lui conseilla de venir me voir.

Après avoir bavardé un moment avec elle, je passai aux questions directes :

– Sans tenir compte des aspects financiers, qu'aimeriez-vous faire le plus au monde ?

– Concevoir mes modèles de poupées et les vendre, répondit la jeune fille sans hésiter.

– Voilà au moins une réponse claire, commentai-je.

Émilie elle-même était surprise de sa détermination.

Lorsque je la poussai dans ses retranchements, elle m'avoua qu'elle n'avait jamais rien pu faire sans s'attirer des remarques désagréables de la part de ses parents ou de ses amis.

Un silence suivit.

– Et si cela arrivait, comment vous sentiriez-vous ?

– Épouvantée !

– Est-ce que vous ne croyez pas que, ce qui vous manque, c'est la confiance en vous ?

– Je crois que vous avez vu juste, répondit-elle après un temps de réflexion. Je n'ai pas suffisamment confiance en moi pour prendre des risques. J'ai toujours eu besoin de sentir quelqu'un derrière moi.

Le pas était franchi. Pour la première fois, Émilie prit conscience qu'elle pouvait agir seule. Elle décida de lancer son affaire, ce qui devait marcher au-delà de ses espérances.

L'histoire d'Émilie prouve qu'il faut parfois savoir rompre avec des habitudes encombrantes et suivre son instinct.

Échec ou succès, il faut apprendre à se faire confiance et à affronter les épreuves de la vie de sa propre initiative.

Le mieux est de commencer par des messages simples. Par exemple, lorsqu'une petite voix vous suggère « téléphone à ta mère » ou « achète-toi cette robe », suivez les instructions. Se rappeler les occasions où l'on a suivi son instinct et pris la bonne décision peut aussi aider. Chaque fois que je reçois un message qui, au premier abord, paraît complètement absurde, je me rappelle l'épisode du « coin de la rue » et je me dis que suivre l'inspiration du moment ne peut que déboucher sur de bonnes choses.

L'inspiration

« Au milieu de nos préoccupations quotidiennes,
il nous faut trouver la sève qui nourrira notre âme créative. »

Sark

L'inspiration est le moment béni où l'esprit qui est en soi se réveille. Une étincelle jaillie du monde extérieur ranime une petite flamme intime et suscite un message. Celui-ci vient à point nommé vous rappeler que toutes les réponses sont en vous et que, dans le royaume qui est le vôtre, vous êtes le magicien le plus puissant.

Il est facile de passer à côté de ces moments de grâce, sauf si vous apprenez à reconnaître le signal et si vous lui permettez d'arriver jusqu'à votre conscience. Plus vous aurez appris à cultiver la connaissance qui est en vous, mieux vous saurez reconnaître ces moments d'inspiration – dont la plupart peuvent transformer profondément votre existence.

Être attentif à la nature peut vous y aider. L'énergie que suscite la fréquentation de la nature nous met en prise directe avec ce qu'il y a de plus profond en nous. Thoreau a passé deux ans en solitaire au plus profond des forêts afin de communier avec la nature et de découvrir la sagesse qui était en lui. C'est là qu'il a écrit ses œuvres les plus inspirées – dans lesquelles s'exprime une sagesse intemporelle dont chaque postulat, un siècle plus tard, frappe par sa modernité. Sa retraite lui avait permis de découvrir ses propres réponses, comme vous serez capable de découvrir les vôtres. Nagez dans l'océan, grimpez à un arbre, escaladez une paroi rocheuse ou promenez-vous simplement à travers bois. Peu importe l'activité : laissez-vous porter par le rythme de la nature.

Le domaine des arts, lui aussi, est une source d'inspiration inépuisable. Lire un poème ou un bon livre peut ouvrir votre cœur et votre esprit, et susciter l'écho de votre propre sagesse. Un morceau de musique, un tableau, peuvent réveiller l'étincelle divine qui est en vous. Chacun de ces chefs-d'œuvre est le fruit d'un moment d'inspiration et ne peut que stimuler la vôtre.

Mon amie Laura a posé sur son buffet une sorte de boîte à idées qu'elle appelle sa « source d'inspiration ». Elle y garde des citations recopiées sur des bouts de papier, et des objets qui lui sont chers. On y trouve pêle-mêle mille choses disparates, une bille de verre bleu que son fils lui a donnée lorsqu'il était petit, un proverbe chinois qui affirme : « La fontaine la plus rafraîchissante est en toi. » Lorsqu'elle cherche une réponse à un problème, elle puise dans son coffret et choisit un objet au hasard.

Et vous, qu'allez-vous mettre dans votre boîte à idées ?

Règle n° 10
À la naissance, nous avons tout oublié

Pour retrouver la mémoire, il faut être capable de faire tourner à l'envers l'hélice de la connaissance.

À n'en pas douter, nous connaissions parfaitement toutes ces choses en venant au monde. Mais nous les avons oubliées en passant du monde spirituel au monde matériel. Chaque leçon apprise est comme une petite pierre le long du chemin, et nous les reconnaissons au passage, du moins pour certaines d'entre elles.

Quand le déclic se fait en vous et que vous assimilez une leçon, vous ne faites que vous remémorer ce que vous saviez de toute éternité. Lorsque vous êtes comme frappé d'un éblouissement, c'est que le souvenir vous revient. Lorsque la paix vous envahit, c'est que le souvenir vous revient. Certains parlent d'un « alignement de planètes », d'autres d'une « fusion avec Dieu », d'autres encore de sérénité. Peu importe. L'essentiel est que vous compreniez que vous avez retrouvé la mémoire.

La conscience est soumise à un ballet incessant de souvenir et d'oubli. Le souvenir, c'est la mémoire éternelle que vous retrouvez lorsque vous vous éveillez à la vérité. L'oubli, c'est l'amnésie temporaire qui vous frappe lorsque cette vérité vous échappe. Nous sommes frappés d'oubli chaque fois qu'un effort trop grand nous est demandé. Nous perdons pied et nous effaçons de notre souvenir la sagesse universelle que tous les êtres humains ont reçue en héritage.

Les cycles du souvenir et de l'oubli se succèdent sans fin au cours de notre vie. Il nous arrive aussi de reconnaître et d'appliquer les vérités universelles à un domaine particulier, le travail, par exemple, et de les oublier en d'autres circonstances, sur le plan des sentiments et des relations humaines.

On peut se souvenir dans la journée et oublier dès la nuit tombée, ou l'inverse. Ce petit recueil est là pour vous servir de pense-bête. Il ne propose pas des « commandements » au sens prescriptif du terme, mais des vérités universelles, qui ont le mérite d'être valables pour tous. Si vous avez le sentiment de vous perdre en route, relisez-les. Elles vous aideront à éclaircir votre horizon, comme le vent chasse les nuages.

L'objectif de la règle n° 10 est de vous amener à respecter votre vérité, sans relâche, et à inventer des moyens faciles pour retrouver le droit chemin lorsque vous avez le sentiment de vous perdre en route. Vous y parviendrez en assimilant les leçons de la foi, de la sagesse et surtout de la certitude qu'il n'existe pas de limites à ce que nous sommes capables de faire. De cette façon, vous accéderez à la maîtrise de vos plus hauts niveaux de conscience et au royaume de la progression spirituelle.

Certes, la vérité bannit à jamais le confort de l'ignorance. Mais elle vous révèle enfin à vous-même, et la vie devient une aventure beaucoup plus passionnante.

La foi

« La foi est un don de l'esprit qui permet à l'âme de rester attachée à son propre épanouissement. »

Thomas More

Entretenez la certitude que vous découvrirez votre vérité et la connaissance enfouies au fond de votre âme. Vous vous heurterez, bien sûr, à des moments d'obscurité et d'incertitude. La vie n'est pas toujours facile, et il vous arrivera de ne pas comprendre ce qui vous arrive et de vous sentir dépassé. C'est dans ces moments-là que vous aurez besoin de toute votre foi.

La foi est une lumière qui brille dans la nuit, c'est le filet invisible qui vous empêche de tomber dans le vide. C'est ce qui vous permet de surmonter ces phases d'amnésie temporaire. Avoir la foi, c'est croire, tout simplement, sans preuve ; c'est être sûr que, même si la vérité semble floue, elle resurgira bientôt dans toute sa netteté.

C'est la foi qui a soutenu Maya après son divorce, lorsqu'elle a dû prendre en main l'éducation de ses deux enfants, en oubliant pendant de longs mois ce que voulait dire être heureux. C'est la foi qui a soutenu Sam lorsque son usine, fruit de plusieurs années de travail, a été réduite en cendres. C'est la foi qui a soutenu mon amie Ellen, confrontée à la tâche difficile de s'adapter à un nouvel environnement, à un nouveau mode de vie et à un nouvel emploi dans un pays étranger, à plusieurs milliers de kilomètres de sa famille et de ses racines. Tous ces gens se sont cramponnés à leur foi en des moments où l'espoir semblait les avoir abandonnés.

Il existe quantité de façons de régénérer sa foi lorsque la lumière faiblit. S'entourer de gens qui vous connaissent bien, qui savent quelle est votre personnalité profonde, est un bon moyen de garder le contact avec soi-même. Théa Alexander appelle « tuteurs d'évolution personnelle » ces soutiens précieux qui nous aident à passer les caps difficiles, à retrouver l'étincelle qui est en nous.

Mon « tuteur d'évolution personnelle » est ma sœur Lynn, mon amie de cœur, qui m'aide à rester sur les rails. Au cours de mes études, j'ai souvent failli abandonner, tant j'étais déprimée et surchargée de travail. C'est Lynn qui me remontait le moral et m'encourageait à suivre la voie que j'avais choisie. Elle m'a guérie de cette amnésie temporaire qui aurait pu me conduire à briser mes rêves

Un autre moyen de garder la foi est de s'entourer d'objets, de symboles ou de citations qui nous rappellent, comme un nœud à notre mouchoir, des moments de notre vie où nous avons été capables de grandes choses ou stimulés par des joies simples.

Pour nourrir leur foi, certains choisissent la prière, les exercices respiratoires, la lecture, la méditation, le jogging. D'autres préfèrent dessiner ou jouer avec le chien. Ces activités sont autant de mécanismes qui vous permettent de vous ressourcer. Qu'est-ce qui vous redonne de l'énergie spirituelle ? Qu'est-ce qui vous sert de garde-fou ? Quel coup de talon vous permet de remonter à la surface quand vous avez le sentiment de vous noyer ? Sachez identifier, lorsque tout va bien, ces moyens de retrouver votre foi en vous, la recette vous sera bien utile en temps de crise.

Il ne s'agit que de suggestions. Vous seul savez ce qui peut rétablir le contact avec votre nature essentielle.

La sagesse

« On ne reçoit pas la sagesse, il faut la découvrir soi-même, après un trajet que personne ne peut faire pour nous. »

Marcel Proust, *À l'ombre des jeunes filles en fleur.*

Le but ultime de l'existence, c'est d'accéder à la sagesse. La sagesse est le plus haut degré de la connaissance et de la compréhension du monde. C'est la sagesse qui offre les perspectives les plus larges, qui éclaire le sens de la vie et sublime les leçons que nous avons reçues en chemin. Lorsqu'on parvient à la sagesse, la lumière jaillit.

La sagesse n'est pas un stade à atteindre, c'est plutôt un état à retrouver. Nous sommes nés avec toute la sagesse dont les humains ont besoin pour vivre sur cette planète. Ce qu'il faut, c'est rétablir le contact. Vous êtes le réceptacle de la sagesse du monde, aussi sûrement que Bouddha, Aristote ou Confucius. La différence, c'est qu'ils ont accédé à des profondeurs de la pensée qui nous restent souvent inaccessibles.

La sagesse n'est pas l'intelligence. Elle n'a rien à voir avec le niveau de votre QI, ni avec vos résultats scolaires. Au contraire, c'est un niveau élevé de l'évolution émotionnelle, spirituelle et mentale, en vertu duquel l'intuition vaut l'information, l'écoute la compétence et l'inspiration le savoir. La synergie est parfaite entre la plus intime compréhension du monde et l'acte le plus banal de la vie.

Les leçons que nous ne cessons d'apprendre contribuent à paver notre route. Nous approchons toujours plus près de la sagesse universelle, de ce que Carl Jung appelle « l'inconscient collectif ». Les forces qui nous lient à nos congénères nous permettent d'entrer en contact avec la source intarissable de toute sagesse. La méthode est simple : nous devons retrouver ces liens pour accéder aux sources de la sagesse. C'est un peu comme l'amour : plus vous donnez, plus vous recevez. Votre potentiel de sagesse augmente chaque fois que vous la partagez avec les autres.

Il ne nous arrive pas tous les jours de croiser un sage. Mais nous avons tous fréquenté un jour ou l'autre un grand-père, un professeur, dont la sagesse était rayonnante. Si par hasard aucun membre de notre entourage ne présente cette caractéristique, les exemples ne manquent pas parmi les personnalités passées et présentes qui sont dignes de notre admiration et de notre respect : Mère Teresa, le dalaï-lama, Albert Schweitzer, et bien d'autres.

Pensez aux personnes qui ont influencé votre vie et votre vision de la sagesse. Demandez-vous quels étaient leurs traits distinctifs. Voyez ensuite en quoi vous pourriez chercher à leur ressembler. Vous ferez un pas de plus vers la sagesse chaque fois que vous élargirez votre façon de voir les choses, que vous prendrez de la distance par rapport à la situation telle qu'elle se présente à première vue.

Trouver la sagesse qui est en nous n'est pas une démarche égoïste. Nous avons beaucoup à apprendre des autres, mais aussi beaucoup à leur donner. Cette leçon contribuera à votre évolution, certes, mais vous contribuerez ainsi à l'évolution du monde.

Le refus des limites

« Ce que nous appelons résultat est en fait un commencement. »

Ralph Waldo Emerson

La dernière leçon à assimiler, c'est que nous sommes capables de tout, aussi longtemps que nous suivons la voie tracée pour chacun de nous, comme cet ouvrage a tenté de vous le faire comprendre. Vous devez être certain qu'il n'existe pas de limites à ce que vous pouvez devenir, à ce que vous êtes capable de faire. Votre évolution est un processus permanent, et votre potentiel de croissance est infini.

Au moment de votre naissance, vous le saviez. Mais en grandissant, vous avez intégré les principes de la socialisation et peut-être en êtes-vous venu à penser que certains barrages vous empêchaient d'accéder aux plus hauts niveaux de l'évolution spirituelle, émotionnelle ou mentale. Ces barrages n'existent que dans votre tête. Lorsque vous serez capable de les transcender, c'est que vous aurez appris cette ultime leçon.

Lorsque j'étais enfant, j'ai eu la chance d'avoir une institutrice qui comprenait parfaitement l'importance de cette leçon. Elle nous rappelait chaque jour que nous pouvions accomplir tout ce que nous décidions dans notre tête, malgré la difficulté apparente ou l'opposition de notre entourage. Je souhaite de tout mon cœur qu'il y ait une Mme Carbone dans toutes les écoles du monde, afin que les enfants sachent que tous les espoirs leur sont permis s'ils déploient leurs efforts en ce sens.

Notre potentiel est infini. Le défi que nous devons relever au cours de notre existence est de découvrir ce potentiel en acceptant cette vérité essentielle : il n'y a rien que l'on ne puisse faire, avoir ou être. Tout est à notre portée. Apprenez à connaître vos limites, non pas pour vous incliner servilement, mais pour les réduire en miettes et ouvrir la porte à la magnificence.

J'ai lu récemment, dans un magazine, l'histoire d'un dénommé Valdas Adamkus, qui est la preuve vivante qu'un être humain est capable de tout pour réussir sa vie. Originaire de Lituanie, Valdas avait immigré aux États-Unis et, après des années de dur labeur, il était devenu une personnalité politique importante. Il avait conçu et fait aboutir un programme de réhabilitation des Grands Lacs et, pour cette grandiose réussite écologique, il avait été décoré par le président Ronald Reagan. En 1991, la Lituanie conquit son indépendance, et Adamkus eut le sentiment que l'heure était venue de rentrer au pays, afin de mettre à son service les qualités qu'il avait déployées en Amérique.

En 1998, à l'âge de soixante et onze ans, c'est-à-dire au moment où la plupart des gens goûtent une retraite bien méritée, Valdas Adamkus est devenu président de Lituanie. À la question de savoir pourquoi il avait accepté une telle charge à son âge, Adamkus a répondu : « Dans la vie, il n'existe pas de limites. »

Des quantités de gens ont réussi à prouver, et à se prouver, qu'ils étaient capables de faire ce qu'ils avaient envie de faire. Les frères Wright ont inventé une machine volante, malgré les sarcasmes de leur entourage. Par la grâce de sa non-violence, Gandhi a inspiré une révolution qui a affecté des centaines de millions de personnes.

Les exploits personnels n'ont pas besoin d'être héroïques pour prouver que l'être humain n'a pas de limites. L'objectif que l'on décide de se fixer – obtenir une mention à un examen ou confectionner de nouveaux rideaux pour la cuisine – importe moins que de se dire que c'est possible et de mettre tout en œuvre pour atteindre son but.

Chacune des leçons de la vie contribue à démontrer qu'on peut toujours aller plus loin. Il n'y a pas de limite à la compassion, à la patience, à la volonté, à l'engagement, à la tolérance, ni à quelque autre sentiment que ce soit. Vous avez une fois pour toutes la permission d'aimer et de vous développer à votre guise, et de retrouver toute la sagesse qui est en vous.

En conclusion

La vie est courte. Le temps passe et les choses changent. Plusieurs possibilités s'offrent à vous pour réaliser vos rêves et atteindre les objectifs que vous vous êtes fixés. À vous de faire le bon choix.

Lorsque vous vous demandez : « qu'est-ce que je fais ici ? » « qu'est-ce qu'il se passe ? » ou « pourquoi moi ? » faites une pause. Demandez-vous : « quelle est la leçon à apprendre ? » Si des mots définitifs comme « toujours » ou « jamais » surgissent spontanément à votre esprit, c'est que la leçon n'est pas assimilée. Creusez un peu plus profond et demandez-vous : « que puis je tirer de cette expérience ? »

Chaque fois que vous essayez de tirer un enseignement d'une situation quelconque, même si elle est difficile à vivre sur le moment, vous allez de l'avant. La qualité de votre progression personnelle dépend de votre capacité à comprendre la nature de la leçon et à l'assimiler. N'oubliez pas qu'il ne sert à rien de refuser une leçon, sinon à l'obliger à se répéter à une autre occasion. Et même lorsque vous aurez intégré une leçon, vous serez mis à l'épreuve plusieurs fois. Mais dans ce cas, l'épreuve sera facile, et vous passerez à des exercices plus compliqués et plus stimulants.

Il n'est pas inutile de se retourner vers le passé et de faire le bilan des leçons apprises et de celles auxquelles vous êtes resté rétif. « Hier, c'est de l'histoire ancienne. Demain est un mystère. Aujourd'hui est un cadeau, c'est peut-être pourquoi nous l'appelons "présent". » Mais il est beaucoup plus intéressant de se mesurer aux défis du présent, et de voir quelle leçon ils nous enseignent. Quant au futur, il nous échappe en grande partie. N'oubliez pas non plus que vos progrès passés ne vous mettent pas à l'abri des difficultés à venir.

Rappelez-vous que vous êtes ici pour apprendre.

Soyez attentif à ce qui vous arrive. Tirez profit de la moindre expérience.

Acceptez de bon cœur les occasions qui vous permettent de bénéficier d'un enseignement utile.

Posez-vous les questions et vous obtiendrez les réponses.

Écoutez votre cœur.

Soyez ouvert à toutes les possibilités.

Considérez votre jugement envers autrui comme un miroir révélateur de votre propre personnalité.

Vivez chaque situation de crise comme une aubaine.

Faites-vous confiance.

Croyez en vos capacités.

Plongez au plus profond de vous-même avant de faire un choix.

Ne soyez pas plus dur avec vous-même qu'avec les autres, vous méritez aussi la compassion.

N'oubliez jamais que les erreurs que nous faisons sont aussi profitables que nos succès.

Accordez à votre propre personne amour et confiance, et tout deviendra possible.

Remerciements

Debra Goldstein, mon alter ego d'un bout à l'autre de la gestation de ce livre, a été mon ange gardien et a joué un rôle essentiel dans la qualité du produit fini. Lauren Marino s'est consacrée corps et âme à cet ouvrage. Trigg Robinson, Nancy Clare Morgan et Donna Gould ont fait tout ce qui était en leur pouvoir pour que le monde découvre ces dix règles dans le détail.

Merci à ma très chère et très dévouée collaboratrice, Lynn Stewart, qui m'a aidée à insuffler une force nouvelle à tous ceux qui ont participé à nos ateliers depuis plus d'un quart de siècle ; sans elle, ce livre n'aurait pas vu le jour.

Merci à mon tendre et cher époux, Michael A. Pomije, qui m'assiste dans tous mes souhaits, tous mes espoirs et tous mes rêves.

Merci à ma fille, la merveilleuse Jennifer Carter-Scott, qui est mon meilleur professeur et mon plus sévère critique.

Merci à Jack Canfield, Mark Victor Hansen et Patty Aubrey, qui ont braqué les projecteurs sur ces règles, et à Michael Larsen et Elisabeth Pomada, qui m'ont convaincue que ce livre devait être publié.

Ma gratitude est acquise à tous ceux qui ont soutenu ce projet à différents stades : Barbara Adamich, Danita Allen, John Arno, Brook Ashley, Pam Beckerman, Nora Blanco, Jan Campbell, Jillian Dowling, Jenny Edwards, Connie Fueyo, Bob Furstenau, Penny A. Godlis, Carrell Halley, Katy Jacobson, Flena Johnston, Betty Mazetti Hatch, Richard Mantei, JoAnn Mermis, Greg Klein, Dan Millman, Terry Myrrdin, Molly Post, Joey Rosenberg, Jeri Rovsek, Julie Simpson, Linda Smukler, Helen Strodl, Marla Weiss et Mady Widyasurya.

À Barbara Rasmussen et Roger Hannegan qui, là où ils sont, se réjouissent de la publication de ce livre.

Je suis reconnaissante à tous mes amis et associés, à mes proches et à tous ceux qui travaillent avec moi pour leur soutien unanime.

Table des matières

Mon livre de chevet 9
Préface 11
Avant-propos 13
Introduction 17

Règle n° 1 : Apprenons à vivre avec notre corps 21
L'acceptation 24
L'estime de soi 30
Le respect 34
Le plaisir 37

Règle n° 2 : Acceptons les leçons qui se présentent 41
L'écoute 45
Le choix 49
La justice 52
La grâce 55

Règle n° 3 : Nos erreurs ne sont pas des fautes 59
La compassion 65
Le pardon 70
L'éthique 75
Le sens de l'humour 79

Règle n° 4 : Une leçon se représente tant qu'elle n'est pas apprise 83
La prise de conscience 88
La bonne volonté 91
La causalité 95
La patience 97

Règle n° 5 : L'apprentissage ne s'arrête jamais 99
La capitulation 102
L'engagement 105
L'humilité 107
La flexibilité 110

Règle n° 6 : L'herbe n'est pas plus verte ailleurs 113
La gratitude 116
Le détachement 119
L'abondance 123
La paix 126

Règle n° 7 : Les autres sont notre miroir 129

La tolérance 133
La clarté 137
La guérison 139
Le soutien 143

Règle n° 8 : Chacun de nous décide de ce qu'il fait de sa vie 147
La responsabilité 151
La résignation 154
Le courage 158
La force 161
Le goût de l'aventure 164

Règle n° 9 : Toutes les questions ont déjà une réponse 169
L'attention 174
La confiance 177
L'inspiration 182

Règle n° 10 : À la naissance, nous avons tout oublié 185
La foi 188
La sagesse 191
Le refus des limites 194

En conclusion 199

Remerciements 203

Composition : Compo-Méca s.a.
64990 Mouguerre

CET OUVRAGE A ÉTÉ ACHEVÉ D'IMPRIMER POUR
LE COMPTE DES ÉDITIONS MICHEL LAFON
PAR L'IMPRIMERIE RECTO-VERSO À 91 ÉTAMPES
DÉPÔT LÉGAL : SEPTEMBRE 2001 -
ISBN : 2-84098-718-X - LAF : 262